LAUNCH 首发

液态线下

商业空间重塑方法论

场景实验室　编著

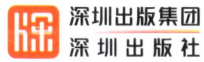
深圳出版集团
深圳出版社

图书在版编目（CIP）数据

液态线下 / 场景实验室编著. -- 深圳 ：深圳出版社，2025. 8. -- （LAUNCH首发）. -- ISBN 978-7-5507-4319-9

Ⅰ. TU247

中国国家版本馆CIP数据核字第2025QE6927号

液态线下
YETAI XIANXIA

责任编辑　何旭升
责任技编　梁立新
装帧设计　詹嘉欣

出版发行　深圳出版社
地　　址　深圳市彩田南路海天综合大厦（518033）
网　　址　www.htph.com.cn
订购电话　0755-83460239（邮购、团购）
设计制作　詹嘉欣
印　　刷　深圳市华信图文印务有限公司
开　　本　787mm×1092mm　1/16
印　　张　10
字　　数　156千
版　　次　2025年8月第1版
印　　次　2025年8月第1次
定　　价　69.80元

目录

CONTENTS

重新理解
线下的尺度

文 / 王若师

一、液态线下：尺度的转译

———

"个体充满可能性的生活在机会中游走、在改变中延伸。"

—— 齐格蒙特·鲍曼（Zygmunt Bauman）

鲍曼认为，流动性是现代社会的核心特征，它打破了传统社会的稳定性与连续性。在流动性的驱动下，个体的身份、社会关系和生活方式变得愈发不确定和短暂。人们曾经被牢固编织在以血缘为纽带的家庭结构中，强连接关系构成了社会支持系统的主要单元，犹如一棵主干清晰枝节分明的大树，每个个体都能在树状图谱中找到自己确定的位置。城市化进程加速了人口的流动，数字化技术重塑了社交模式，个体连接方式经历了前所未有的解构：传统的强连接关系逐渐让位于海量的弱连接关系，社会结构从树状图谱演变为网状图谱，每个人都是网络中的一个节点，通过弱连接与其他节点产生交集。

《流动的现代性》中用"液态"一词来形容现代社会的流动、不确定和个体化，表现为消费主义的短暂性、时间压缩和空间重组。社会的网状图谱意味着更复杂、多元、随机、瞬时的连接互动，为回应这种变化，城市空间正在从固定的、功能化的结构转向灵活的、多功能的形态。丰富和微妙的多尺度组织才能承载当代社会如此复杂的互动关系，空间正在进行一种从物理尺度到体验尺度的转译。人们对空间的感知需求被改写，传统的宏大叙事（如城市地标、大型购物中心）被微观体验所取代，人们开始更注重小尺度空间下可以被即时满足的个性化体验。

　　一直以来，我们习惯于讨论"线上"的天然"液态"，"线下"则因为钢筋水泥一度固化了我们的理解。移动互联网技术的发展加速了流动性的扩散，人们的生活越来越多地转移到线上。虚拟空间成为社交、工作和消费的重要场所，但也削弱了人们对现实空间的归属感和参与感。今天我们来讨论流动性从线上到线下的映射，也可以理解为是一种数字化生活浸润下的迁移。我们看到越来越多的"回归线下"，表层是对于赛博朋克"高科技、低生活"的一种反抗 —— 数字化越加速，个体越需要真实的触感和连接，回归线下是群体试图找回独特的体验记忆，而究其本质，则是新的城市空间形态对社会连接方式变化的回响。

二、空间：从功能流向感受

————

"我甚至不能享受一片绿叶，除非知道附近就有地铁站 ——或者唱片店，又或者其他标志，那些让人不会全然对生活感到失望的地方。"

—— 弗兰克·奥哈拉（Frank O'Hara）

城市生活的变化体现在我们对空间尺度的感知和标记上。传统的城市空间以明确的尺度和边界为基础，如街区、社区和商业中心。然而，流动性使得这些空间的尺度变得模糊和多变。正如《东京八平米》中所描述的那样，"城市本身可以成为一个流动的家"，空间的尺度不再仅仅由功能性定义，而是由个体的体验和需求重新塑造。八平方米的房间虽然狭小，却因其灵活的功能和丰富的周边资源，成为一个充满可能性的生活空间。从 24 小时开放的便利店与图书馆，到开进商场的澡堂，当个体的生活日常节点被"附近"所串联，我们完全可以将居住的尺度定义为"可达"的尺度，这扩展了我们对于空间距离的可探索广度，也深化了街道肌理的可感知深度。

城市空间越来越从固定的、功能化的结构转向灵活的、多功能的形态。线下商业在个体化、去中心化、数字化维度展现出鲜明的"液态"特征：沉浸、可塑与融合。例如共享办公空间、快闪店和临时性活动场所的出现，都不再局限于单一的功能，而是根据使用者的需求随时调整其用途和形态。城市需要更多模块化的建筑和可移动空间。模块化建筑通过预制构件和标准化设计，能够快速组装和拆卸，适应不同场景的需求。可移动空间则通过轮式或轨道系统，使建筑能够在城市中自由移动。如移动式市集、临时展览空间和可移动的社区服务中心，可以根据人群的需求在不同地点出现。从垂直森林住宅到混合功能街区，从共享办公空间到社区客厅，新的空间形态正在回应社会连接方式的变化。城市中大量空间的灵活布局和功能的快速切换，令不同业态之间的边界逐渐模糊：不仅是书店与咖啡馆、健身房与社交空间、公园与市集，更是工作生活一站式的社区、高架桥下的广场舞、不在剧场的演出与不在美术馆里的展览。

　　个体化进程使得人们更倾向于追求灵活性和自主性，但同时也带来了孤独感和不安全感。个体原子化的社会中，店员知道我名字的楼下咖啡馆、步行 5 分钟可到达的社区花园的重要性远远超过了离家开车 10 分钟的商场。这种感知尺度的变化反映了人们对情感连接和归属感的新需求。现代城市以汽车行驶作为规划的尺度，但当人们对城市的需求从功能性转向情感性，街区更新应以步行时长作为半径。我们的城市需要有足够的普惠性、可达性与可实用性，更多地关注小尺度空间的设计，如社区花园、街头艺术和公共广场，以满足人们对城市本身的在地亲近感和归属感。

三、时间：高饱和度的生活

————————

"时间不再是线性的河流，而是碎片的海洋，我们在其中漂浮，抓住每一片即时的浪花。"

—— 哈特穆特·罗萨（Hartmut Rosa）

流动性改变了我们对空间的感受，也重塑了我们对时间的认知。流动性压缩了时间的尺度，时间在洪量的信息冲刷压力下被分解为高密度的碎片，人们更注重即时满足和短期体验。不仅是来自即时内容消费的规训，消费社会中所有的行动都是代价高昂的事情。"短暂性和即时性"改变了我们的消费习惯，我们时刻都需要高饱和度的体验。时间的尺度不再由钟表的指针决定，而是由体验的密度和强度来定义。年轻人不再会为同质化的商品和标准化的货架买单，而是愿意为一次独特的体验一掷千金。

现代社会消费的动因之一是如何不无聊地消费时间本身。以 XR 为代表的游戏空间、互动艺术展览和沉浸跟随式剧场，通过多感官的刺激和互动，让消费者在短时间内获得高密度的体验。从文和友到 INS 新乐园，从谷子店到痛楼，通过一个不同时间流速的异次元空间，将消费者完全包裹进高饱和的体验世界。在新一轮的策展式商业、公园商业浪潮中，我们看到美学风格打破了标准化的描述，融合的业态越来越失去时间效应，日咖夜酒是生活方式之于商业模式的显化。

　　人们对时间的主观感受来自现场的体感，来自场地 – 建筑的统一性。日常生活的节奏和进程不受打扰，现代人在精神上需要一种短暂的抽离，即"置身于别处"的存在，时间的旅行更胜于空间的旅行。依赖于所承载内容的饱和度与可体验的丰富度，加之数字技术的融入，甚至地形、水流等自然物都可以成为要素，形成了基于在地性动态发展的新审美体验，空间的艺术价值也因为这种交互而变得意义非凡。

右图为上海地铁 15 号线吴中路站 —— 任何功能性的公共空间都可以变成一个能够凝聚人心的公共文化空间。（图片来源：CreatAR Images）

四、人群：身份的集合

―――――

"在流动的时代，身份不再是固定的标签，而是动态的、多面的存在。"

―― 尼古拉斯·克里斯塔基斯（Nicholas Christakis）

流动性也在深刻影响个体的身份认同。在传统社会中，身份往往是固定的、单一的，由职业、家庭和社会地位所定义。然而现代社会中个体的身份和角色变得更加灵活和多变，社会关系、身份和价值观都变得多元、短暂且可塑。个体在不同场景中快速切换角色，例如一个人同时可作为远程工作者、社交媒体博主和社区志愿者。数字游民作为一种不再小众的生活方式，带来了物理自由度可能性的想象。

不同人群的交叠融合，使得社区成为弱关系最容易发生的地方。在重庆后堡，喝精品咖啡的年轻人和遛弯锻炼的老年人分时段共享同一个公园商业。这种交错让开放的公共空间统一了需求，又以时间来区分了有效关系。在广州六运小区，个性十足的小店夹杂在老旧小区中，与市井生活气息奇妙混合在一起，探索这片街区成为一种特别的在地感体验，被形容为一种"真实的自在"。关注到不同人群需求的差异性，非均一化的设计在时间和空间上都需要被充分看见。

个体身份的液态化使得社会关系变得更加脆弱，也催生了新的社会连接形式，如基于兴趣、价值观或短期目标的临时性社群。在流动性加剧的背景下，如何重建社群和相对稳定的社会连接成为重要议题。单一功能的公共空间已无法满足现代人的社交需求，我们需要创造更多元、更灵活的空间载体。例如将商业空间与公共空间融合，打造 24 小时活力的城市客厅；在居住区嵌入共享办公空间，促进邻里间的偶发性交流；设计可变换功能的弹性空间，适应不同规模的社交活动。这些空间设计不仅要考虑物理尺度，更要关注社交尺度，为不同强度的社交互动提供适宜的场景。

城市为其居民提供的可能性构成了它的边界。当我们谈论"回到"线下，意味着线下越来越需要以更少的心理成本进入，我们的街区需要更多的外摆、更少的围墙和更不起眼的门头，需要更简化的流程、更便捷的服务和更友好的环境。更加广泛的人群可以参与社区的决策和运营，更多自组织涌现，自下而上和自上而下两个系统的合并，意味着参与式环境设计成为对城市空间塑造的新效率形式。

结语

　　数字化以日异月更的速度重新构建城市的基底，城市即将成为最大的体验节点。但技术从来没有改变过人类最基本的社会属性，网络社会学家曼纽尔·卡斯特尔的预言已经成为现实：信息时代的城市不但不会瓦解，反而会进化为巨型城市。城市的记录将成为社会的记录，完整的"可体验城市"就是未来人们的群体记忆。液态线下，是一种适逢其时的商业空间设计方法论，更是我们对于当下乃至未来人居、消费、生活方式的一种叙述方式。

城市的记录将成为社会的记录，
完整的"可体验城市"就是未来
人们的群体记忆。

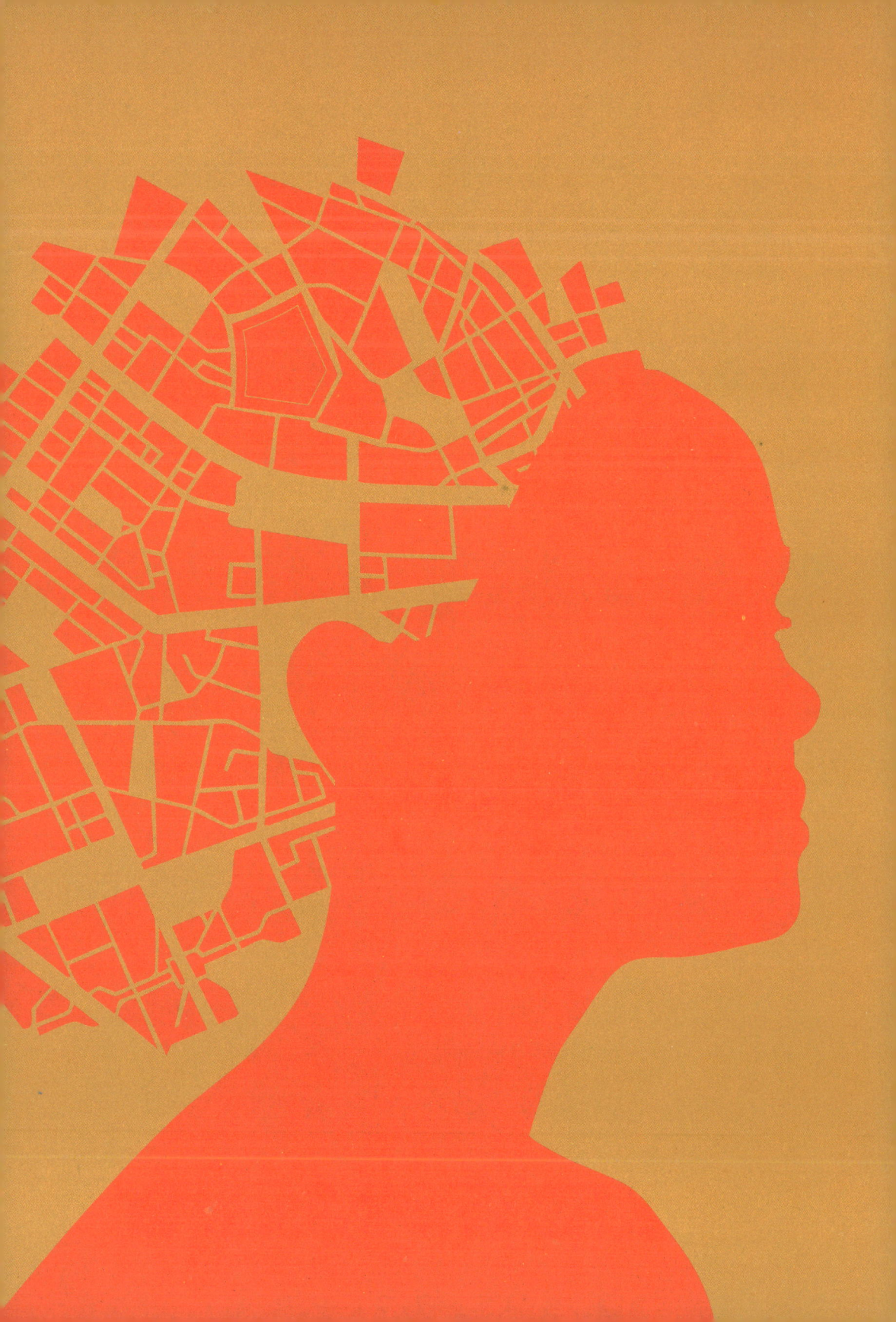

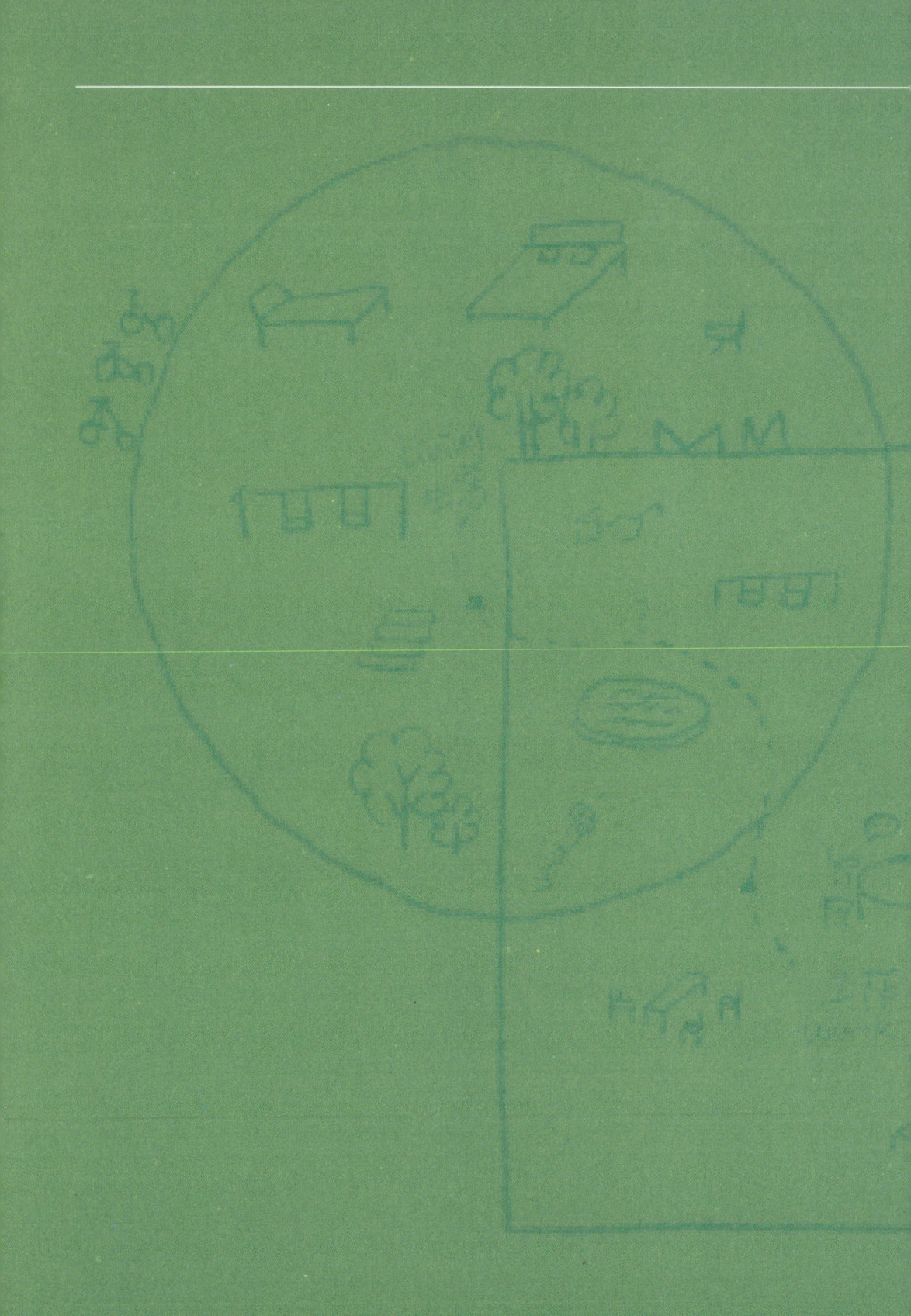

第一章

城市的观念公区与情绪价值

我们看到越来越多"非标"的公共空间不断生长，承载着回归线下、重回亲密的普遍社会心理。不断消融边界的城市公区，在城市更新的新观念推动中，不断长出新样貌。与此同时，在看得见的物理线下背后，建构的是看不见的关系网络，承载人们不断向内探寻的个体情绪与生活意义。

公共空间，
城市生活的
最大公约数

2023 年第二届三联人文城市奖以"流动的公共"为主题，希望在经历了个体感受和情感的变化后，在多重空间的交叠中发现具有存续性和生命力的公共空间和公共领域。身体性、公正性、在地性、创新性，是三联人文城市奖的视角与维度。

LAUNCH 首发与三联人文城市的共同之处，都是始终从"人"的主体性出发，关注以人的体验为中心的城市空间，如何承载情感、建构关系、生长意义。

此次共建专题由两部分组成。第一部分，定位于双方研究的交集"城市商业空间"，用 5 个案例来呈现，面向年轻一代需要的城市空间，正在如何营造更具备公共空间价值的商业空间。第二部分，是对三联人文城市奖评委、同济大学建筑与城市规划学院刘悦来教授的专访，从他的四叶草堂的社区花园实践，到城市的"隙地更新"这个更放眼未来的命题，期待共同寻找城市更新的新路径。

城市怎么办

——

成为公共空间的商业空间

* 内容摘自
《城市的 100 个怎么办——三联人文城市光谱词典》

01

可以在城市里赶的集

共创人姓名	钟淑如
个人介绍	人类学者
词条名称	农夫自产自销的菜市场
案例名称	北京有机农夫市集
案例地方	北京市

摘要：

　　一顿饭是生存所必需的。菜市场能够最简单、最直接地成为人与社会产生沟通的载体 —— 农夫种菜，菜市场卖菜，消费者买菜。同时，因着时令变化而变化的瓜果蔬菜也是当前对自然感知的唤醒。

（图片来源：北京有机农夫市集官方微博账号）

菜市场随着城市化进程的发展，越来越统一化、单一化。完善的供应链与市场化管理，以及电商平台的发展，让小摊贩逐渐消失在城市中。"赶集"作为中国传统生活中重要的组成部分，也逐渐消失在城市范围中。

北京有机农夫市集在北京已经举办了十四年，是国内历史最悠久、最成功的农夫市集之一。设立初衷是为了让社区居民能够购买到新鲜的、本地种植的有机农产品，同时也为本地小规模生态生产者提供一个直接面对消费者的平台。市集的摊位摊主主要由京津冀区域的农户组成，他们带来的产品包括用生态方式生产的菜肉蛋奶、蜂蜜和自制加工品等。

市集的举办地点位于城市的不同区域，每周固定举办两到三次。农夫市集不仅为社区提供了健康优质的食物，还重新连接了城市消费者与农业生产的关系。通过与农户的直接交流，消费者更好地了解了他们所购买食物的来源，也更加重视健康饮食和可持续消费。农夫市集不仅促进了本地生态农业的发展，提升了小规模生产者的能力，也促进了可持续食物社区的建构和凝聚。

农夫市集的设立反映了城市化进程中的一个重要趋势，即在快速发展的城市中，天然存在寻求与自然、与食物来源重新连接的需求。相较于工业化农业体系塑造的城市景观（例如超市取代菜市场，电商取代线下食物采购途径，远途运输取代本地生产），城市中的食物体系需要更多元化的生态和选择，以及更有韧性的替代性食物网络。

一顿饭是生存所必需的，菜市场能够最简单、最直接地成为人与社会产生沟通的载体——农夫种菜，菜市场卖菜，消费者买菜。同时，因着时令变化而变化的瓜果蔬菜也是当前对自然感知的唤醒。

以农产品为第一人称的方式介绍有机农产品的特点，科普的同时增加了趣味性。（图片来源：北京有机农夫市集官方微博账号）

02

可以在城市里赶的集

共创人姓名	**蒋安丽**
个人介绍	**北京师范大学人文与社会科学高等研究院副教授**
词条名称	**可以摆摊的街道**
案例名称	–
案例地方	**四川省成都市**

摘要：

　　开放一些城市空间给摊贩、临街店铺，运用更灵活的管理方式，鼓励大家在可允许的范围内摆摊，实质上也是在给城市居民提供便利，城市也会变得更有烟火气。

9 月 29 日至 10 月 3 日，活动方在火烧堰碧翠廊举办了为期五天的"芳草玉林大市集"。游客们在绿树成荫的百米长街，体验"人间芳草，烟火玉林"的"老成都"生活气息。（图片来源：成都玉林路官方公众号）

北京师范大学人文与社会科学高等研究院副教授蒋安丽，自 2013 年开始对小摊贩进行观察与研究。2014 年，她前往广州仁和（化名）摆摊做田野调查。仁和短短 100 多米的街道两边，密密麻麻地排布着两百多个小贩，形成一个"摊贩江湖"。

摊贩的生存法则，是在城市缝隙中锤炼出的不成文规矩。例如，摆摊的位置并非先到先得。在很长一段时间里，这个区域内所有摊贩共同形成一种划分地盘的契约。一旦契约形成，大家都会自觉遵守并维护。售卖商品的种类则是"先到先得"。大家不会重复贩卖同一类型的商品，否则会被视为挑衅。小贩有自己的"商业江湖"。有人会建立分销寄售的渠道，共享一些低价的进货渠道，还会一起在城中村租赁仓库，以此来降低经营成本。蒋安丽后来回访过摆摊时认识的小摊贩们，他们因为摆摊空间的流失，有的回老家了，有的找了别的工作，有一些小贩的选择非常少，最后只能流入一些更边缘的行业。

摊贩经济的另一面，也是城市街道中的商铺外摆，尤其以餐饮外摆为主。

成都玉林并不是一个行政划分的地区，而是一个位于成都南门一、二环之间的居民片区。由于玉林的街道尺度适宜，且小区与小区之间纵横交错，并无门禁，让这片几乎是纯住宅的社区从来就不缺人流和客源。自由灵活的街道氛围，让大到火锅中餐，小到串串、面馆、冷饮店等，都会把桌子摆在路上，以吸引人流。流动的小摊贩也随处可见，由此形成了非常具有烟火气的城市生活场景。

在很多城市街道以"整洁"为名驱赶摊贩、拒绝外摆的时候，玉林，正在找回和加固这些摆摊的空间。在这片仅 2 平方公里的区域，密密麻麻分布着近百条大小街道，它们从大到小依次被命名为路、街、巷。玉林的魅力，正由这些错综复杂、纵横交织的上百条小巷带来。摊贩与游人、居民则为这些街巷带来流动的活力。

开放的"玉林外摆空间"，为小商贩们提供了充足的安全感，不必再与城管玩"追追猫"。熙熙攘攘，隐于市井，不论是本地居民还是外来游客，都愿意在这里消磨时间。这里提供了充足的包容与善意。

摊贩经济不仅是城市的烟火气息，更是社会经济的一面镜子，也是一个缓冲地带。城市的形象提升与底层摊贩的生计不是对立面，开放一些城市空间给摊贩、临街店铺，运用更灵活的管理方式，鼓励大家在可允许的范围内摆摊，实质上也是在给城市居民提供便利，城市也会变得更有烟火气。

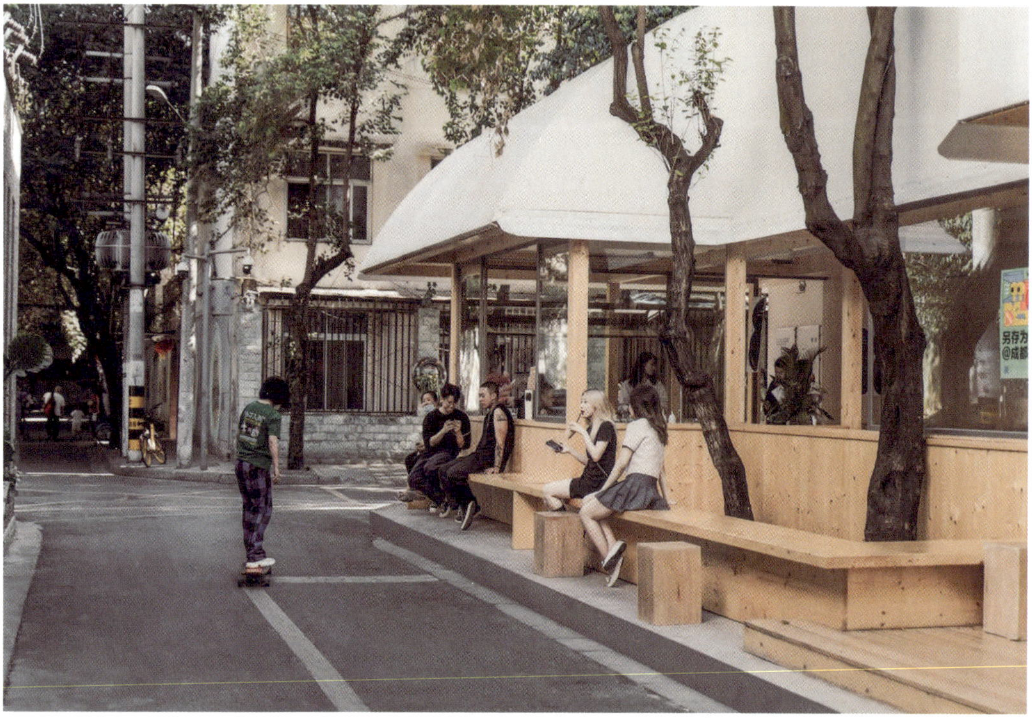
另存为

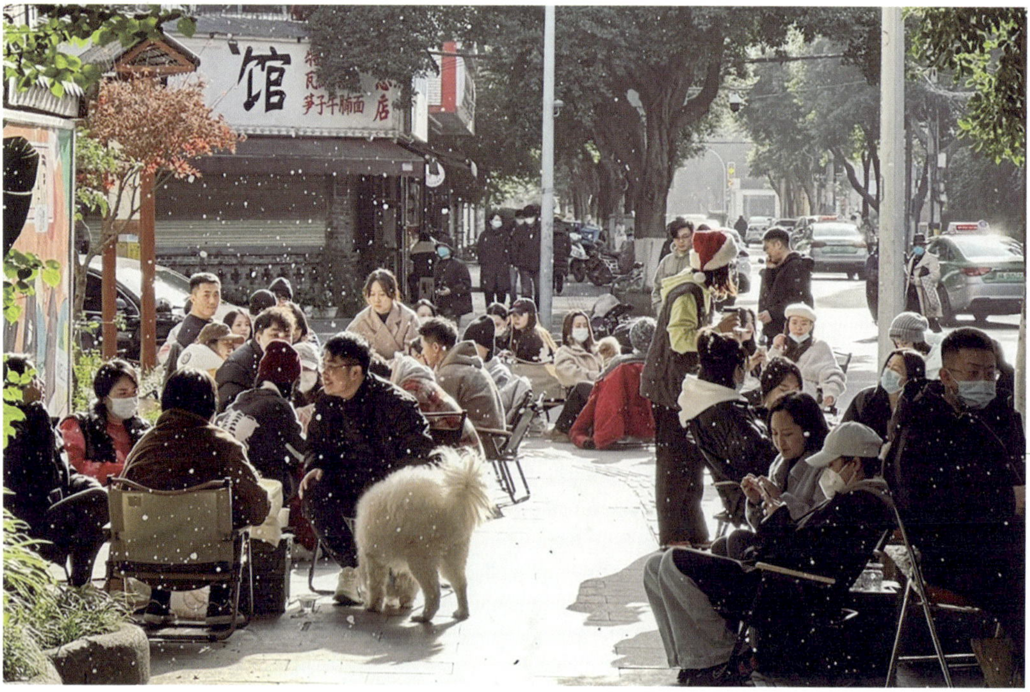
馆
笋子牛腩面

左上图为成都玉林东路巷里的一家咖啡店的外摆一角。（图片来源：archdaily；设计工作室：一介建筑工作室；摄影师：ICYWORKS）；左下图为成都芳华街道的一角景色。（图片来源：本文作者提供）

03

能让年轻人玩起来的街区

共创人姓名	茅明睿
个人介绍	北京城市象限科技有限公司创始人，北京社区研究中心主任
词条名称	能让年轻人玩起来的街区
案例名称	天津和平印象城
案例地方	天津市

摘要：

　　在老片区做城市更新，该解决的问题是怎么让人过来，从重新认识、喜爱，到最后留下，找到新人和老城的相处之道。形成夜经济商圈，发展潮流首店经济，打造特色打卡场景，实现小众圈层文化友好……聚焦于城市的青年文化，或许也是一种可以参考的方向。

印象城（图片来源：印力官网）

对天津来讲，金街是几代天津人的回忆。随着城市更新的步伐，历经多次改造的金街并没有跟上年轻消费者的习惯转变，逐渐陷入衰退和沉寂。让年轻人回归金街，成了天津老城区内大规模城市更新进程中的重要使命。

在这样的关注下，位于金街和平路的天津和平印象城通过改造与更新给出了自己的答案。项目总建筑面积超十万平方米，四个不同分区集合了传统盒子 Mall、屋顶公园、室外步行街、口袋公园等建筑形态。

在娱乐层面，印象城规划了多样的娱乐业态，夜店、酒吧、Livehouse 和 KTV，各区屋顶也有不同亮点业态：露营式娱乐空间与极限运动场地等，形成了夜经济商圈，将尘封数年的"天津金街"招牌再度立于城市中央。

在消费层面，印象城将来自全国各地乃至国外的特色潮流品牌的旗舰店、定制店，收拢到一个场域内。同时，充分考虑到当代年轻人青睐的原创基因，印象城还与流量博主、艺术家、主理人一同展开了很多中国首店的线下尝试，让品牌主理人自己本身的圈层文化拥抱更多年轻人。

在体验层面，印象城立足自身室内室外全面且立体的建筑形态，将潮流艺术与在地文化充分结合，打造了独具特色和吸引力的打卡场景 A 区楼顶的大飞机、胜利公园的灯光喷泉、B 区 6 层的"哪吒"雕塑、C 区屋顶街头公园的"鸽子"艺术装置……

在社交层面，印象城也聚合了 kpop 市集、可以玩滑板及涂鸦的屋顶、聚集 Coser 的动漫游园会等满足当代年轻人兴趣爱好的场景与活动。

在老片区做城市更新，该解决的问题是怎么让人过来，从重新认识、喜爱，到最后留下，找到新人和老城的相处之道。聚焦于城市的青年文化，或许也是一种可以参考的方向。

印象城现场照片。（图片来源：印力官方公众号）

04

欢迎"动物市民"的商场

共创人姓名	吴起
个人介绍	知名宠物行为专家，国内动物疗法创立者，PFH 治疗犬猫公益项目创始人
词条名称	欢迎"动物市民"的商场
案例名称	AI PLAZA 西岸凤巢
案例地方	上海市

摘要：

　　商场需要从爱宠人士和恐宠客户双方的角度制定规则、划分空间、把控细节，照顾全客群的消费体验才是真正的友好。城市中的居民，不仅有人，还有动物，当然包括宠物。

作为上海宠物友好 ICON 商场的 AI PLAZA 西岸凤巢发起的治愈系宠物嘉年华 ——AI PLAZA 西岸好市 2.0 交个萌友宠物生活节（图片来源：西岸官方公众号）

"宠物友好"的定义不局限于宠物本身对于活动空间的需求，宠物和养宠人与其他人的友好共存也同样重要。商场作为城市的重要公共空间，其宠物友好程度的提升将为整个城市的宠物友好环境建设发挥示范作用。

作为宠物友好型商场的代表，AI PLAZA 西岸凤巢制定了完善的《宠物公约》，对商场内推车、提笼、牵引、便溺等事项进行规范。通过宠物友好地图和场内指引标识，明确了商场室内和户外宠物可进入的范围和要求，并特别设置了宠物专属的商场出入口和专用电梯。

数个宠物友好店铺会明确标识宠物可入内，提供了饮水渠、免费宠物饼干等福利，并增设了宠物便便垃圾桶、宠物推车租赁等贴心设施。而在户外空间，也划定了屋顶花园、阳台、户外广场以及宠物乐园等专属宠物活动空间，构建更立体化的多元爱宠社交场。

除宠物友好软硬件服务外，商场还定期举办宠物活动。"交个萌友"宠物生活节在宠物市集的基础上，利用户外空间打造萌友电影院、喵星咖啡店、治愈拍照馆、交个盟友、宠友乐园等多个体验点，创造了一处可供萌宠尽情嬉戏的多巴胺色彩乐园和爱宠人士天然的社交空间。

同时，商场还联手中国 PFH 治疗犬猫公益项目，举办了 2023 中国治疗犬年度大会，并设立了国内商业地产领域的首个"治疗犬公益站"，将"宠物友好 + 社交场景 + 社区共益"的理念引入其中，为治疗犬增添更多走进大众视野被认识、被了解的机会。

如何打造宠物友好空间需要多方合作协调。现阶段需要政府出台相关政策，改善社会大环境对宠物的友好程度，推动更多商场、办公楼宇从开展宠物活动到建立固定化的宠物友好软硬件服务，逐步实现宠物友好。

（图片来源：西岸官方公众号）

05

从"屋顶"长出来的运动场

共创人姓名	吴起
个人介绍	Crossboundaries 联合创始人 / 合伙人，英国皇家建筑师学会（RIBA）特许建筑师
词条名称	从屋顶"长"出来的运动场
案例名称	深圳湾体育训练基地
案例地方	广东省深圳市

摘要：

　　在 1.2 公里长、总屋顶面积为 7.3 万平方米的超大建筑群屋顶，建筑事务所 Crossboundaries 创造了一个以深圳天际线为背景的运动和休闲空间 —— 深圳湾体育训练基地。它重新定义了城市空间利用，将废弃屋顶转变为多功能运动休闲区，展现了城市可持续发展的新路径。

（图片来源：archdaily；摄影师：白羽；建筑设计：Crossboundaries）

在城市化的进程中，越来越多的高楼意味着越来越紧张的空地。在全年气候宜人的深圳，最大限度地利用屋顶空间，可以为城市生活提供更大的可能性与更丰富的场所。

2021 年，经过 5 年的改造，建筑事务所 Crossboundaries 将深圳南山地铁 2 号线南楼和车厂大楼的闲置屋顶，改造为大湾区最大的"屋顶花园"——深圳湾体育训练基地。在 1.2 公里长、总屋顶面积为 7.3 万平方米的超大建筑群屋顶创造了一个以深圳天际线为背景的运动和休闲空间。

训练基地容纳了大量的户外项目场地 ——跑道、篮球场、足球场、网球场等，旨在服务于更广泛的群体：青少年、本地职业体育俱乐部成员、周边学校师生以及深圳各类体育赛事的人员。根据基地周边不同的教育功能，训练基地被分为 4 个不同部分：职业体育比赛训练区、周边学校运动设施，以及专供休闲健身的区域和绿地。

天桥将其与附近的住宅和教育建筑连接起来，融入周围环境。所有入口和通道都紧邻不同的功能区，同时防止不必要的干扰。在屋顶主体，休闲路径、行人路径和运动路径这三个主要路径偶尔交叉、连接并延伸为其他功能服务。沿着小径种植的绿色植物不仅能遮荫，还有助于高效的排水和微气候条件。屋顶花园自身也成为一种城市景观，可以被附近住宅区的居民俯瞰。

　　同时，为了更好地引导人的活动和克服线性场地看似重复的特征，Crossboundaries 特别为训练基地开发了标识系统：突出显示入口处的标牌；沿着条带设置指示区域功能的标牌塔；在标牌顶部标明 100、200、300 等走过的距离；还设置了微型标注，可用于识别 100 米内的特定目的地；长凳、垃圾桶等标志也各不相同。

　　深圳湾体育训练基地重新定义了城市空间利用，将废弃屋顶转变为多功能运动休闲区，展现了城市可持续发展的新路径。

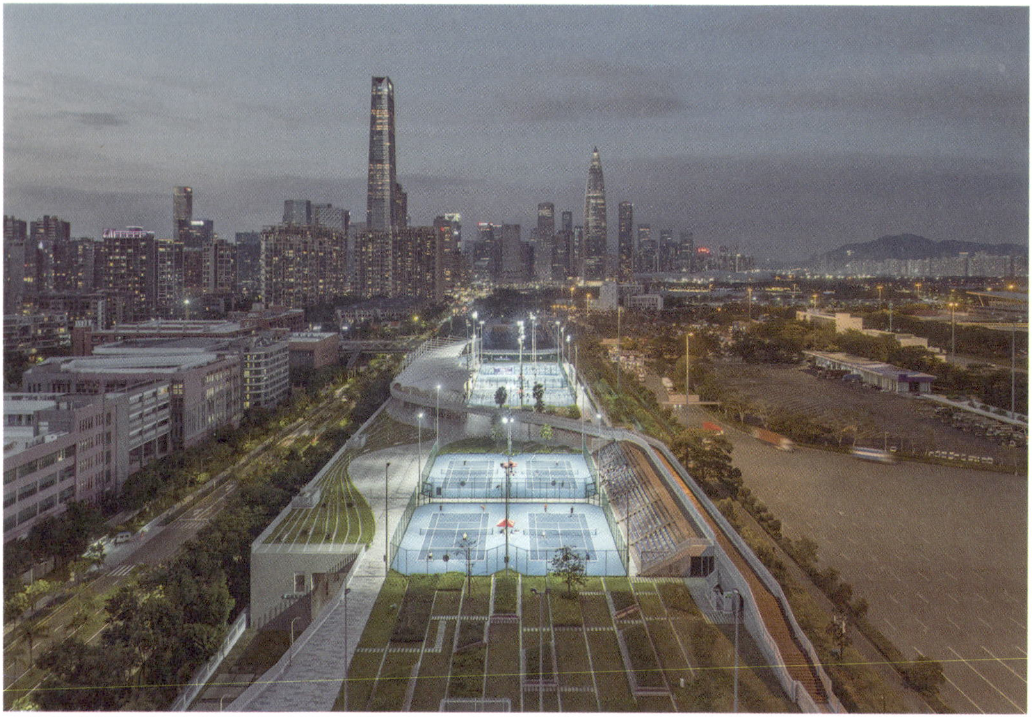

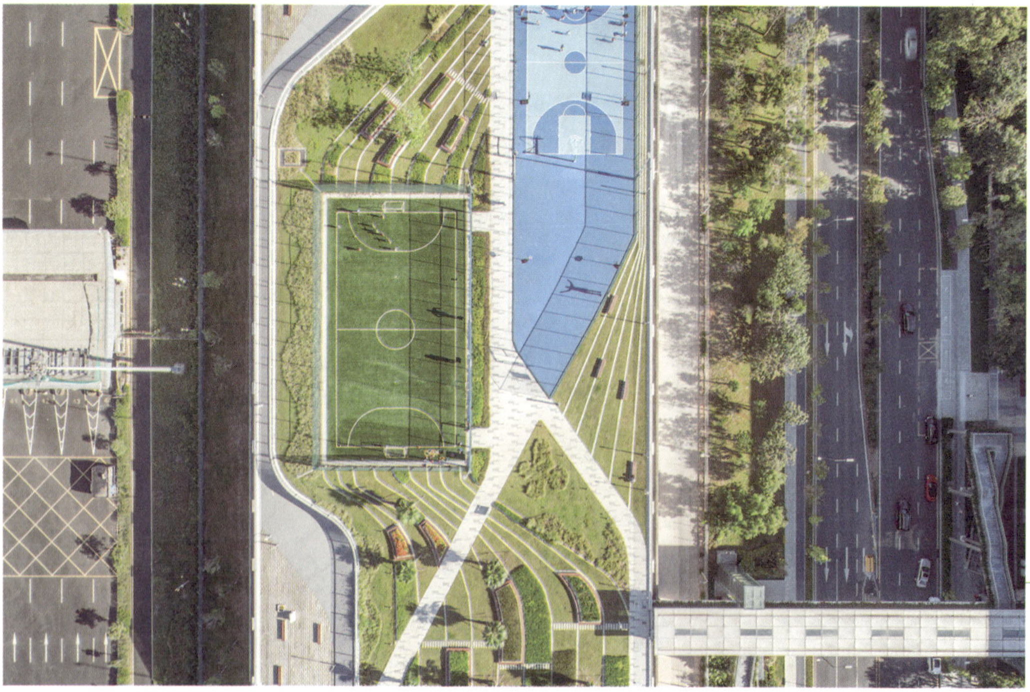

夜晚和白天航拍图。（图片来
源：archdaily；摄影师：白羽；
建筑设计：Crossboundaries）

流动中的隙地更新，城市如何生长出一个更好的未来？

——

专访同济大学
刘悦来教授

文 / 王若师

在 LAUNCH 首发与三联人文城市的联合专题中，我们访谈了首届三联人文城市奖社区营造奖的获得者、同济大学建筑与城市规划学院副教授刘悦来老师。刘老师是上海四叶草堂青少年自然体验服务中心的创始人之一，长期从事公众参与公共空间生产、社区花园、参与式社区规划和社区营造研究与实践工作。

吸引我们目光的，是位于上海大学路的明星项目"创智农园"，开发商瑞安集团把代管的一块城市绿地委托给四叶草堂做规划策划和运营管理。这块 2000 平方米的狭长空地夹在一个老旧小区和高档小区中间，通过建设社区花园，两个社区不断融合。2019 年打通了围墙，原本相隔的居民现在可以通过"睦邻门"自由穿行。这个社区深度融合的案例入选了当年上海十大社会治理案例以及长三角优秀社会治理案例，并两次入选《上海手册》，在实践中达到的社区融合深度至今仍然十分少见，也成为通过社区花园营建参与社区治理的样本。因此，我们期待在这次访谈中，聊一聊那些过去城市更新中被忽视的地方。

（图片来源：本文作者提供）

社区花园：是起点也是终点

提起研究方向的聚焦过程，刘悦来老师认为社区花园既是社区营造的起点也是终点。以其作为起点的四个关键词分别是：社区花园、社区营造（街区共生）、地区发展、花园城市（Garden City）。

从景观绿地开始切入，因为首先自然生长的力量是十分强大的，不需要投入过多外力，从空间生产的角度来说，却是天然有效率。对社区本身而言，以具体的事务作为共事的载体 —— 土地，可以让居民回到真实的生活实践，展开与自然的对话。当每个人对土地有了投入，就需要建构一种新的组织方式来应对。因此，社区花园包含了看得见的部分（空间），也包含了看不见的部分（权属）。建设一个社区花园，不仅是对空间的建构，更是对社会网络的建构，涉及花园作物的所有权、使用权归属、组织方式等深层问题。

同时，社区花园本身也承载着环境正义和众生平等的朴素价值观，是一种对基础共识的回归。社区花园也在实践中被解构为更深刻的命题：城市空间如何从"功能流向"转向"感受共生"。在高密度的混凝土森林里，社区花园不是一种装饰，而是一种抵抗。用植物的生长周期对抗数字时代的瞬时性和机械化，用泥土的触感抵消虚拟社交的悬浮。因此，理想的社区花园并不是规划出来的，而是需求渗出的结果，从缝隙、边缘中涌现出来，我们需要做的是给这种需求提供一个自主更新的机会。

称社区花园为"终点"，则来自 19 世纪末霍华德提出的人居理想"花园城市"（Garden City）。2024 年北京花园城市作为专项规划提出，也正是对"什么是宜居城市"做出了现在进行时的回答。

（图片来源：本文作者提供）

隙地，物理空间与社会关系的双重缓冲带

社区花园之所以能成为社区融合的关键推动力，是因为其独特的要素组合。在这里，刘悦来提出了"城市隙地"的概念：通过利用社区中的缝隙空间（产权模糊的角落、被遗忘的围墙边、商业与居住的"灰空间"），消隐社会关系的"围墙"，建立跨越社会身份的信任。例如创智农园，不仅把绿色和自然搬进了高密度的城市生活之中，更以植物为目标，让本不相识的邻居变成了拥有共同目标的伙伴。特别是"儿童作为媒介"的现象：当孩子拉着大人来浇水时，阶层隔阂比任何社区活动都更容易被打破 —— 这是一种基于本能的信任重建。如同"鲁迅和闰土"般，隙地成为物理空间与社会关系的双重缓冲带。

创智农园是一个非标（社区花园的全国标准）的项目，介于庙堂与荒野之间，在自由与规则中平衡，成为探索公共性的重要载体。社区花园的魅力恰恰在于它的不完美，作为"反商场"的存在 —— 没有标准化货架，只有因地而异的堆肥箱；不追求坪效，却催生了"以物换物"的邻里经济。当空间允许"非标"使用时，居民的创造力会自然填补空白。承载公共性的载体，也可以是自己家的客厅、孩子的玩具共享，居住或办公属性的空间都可能在某一时段成为公共空间。如同现代性使得一切都不再那么坚固和明确，公共空间也变得流动和可溶解。

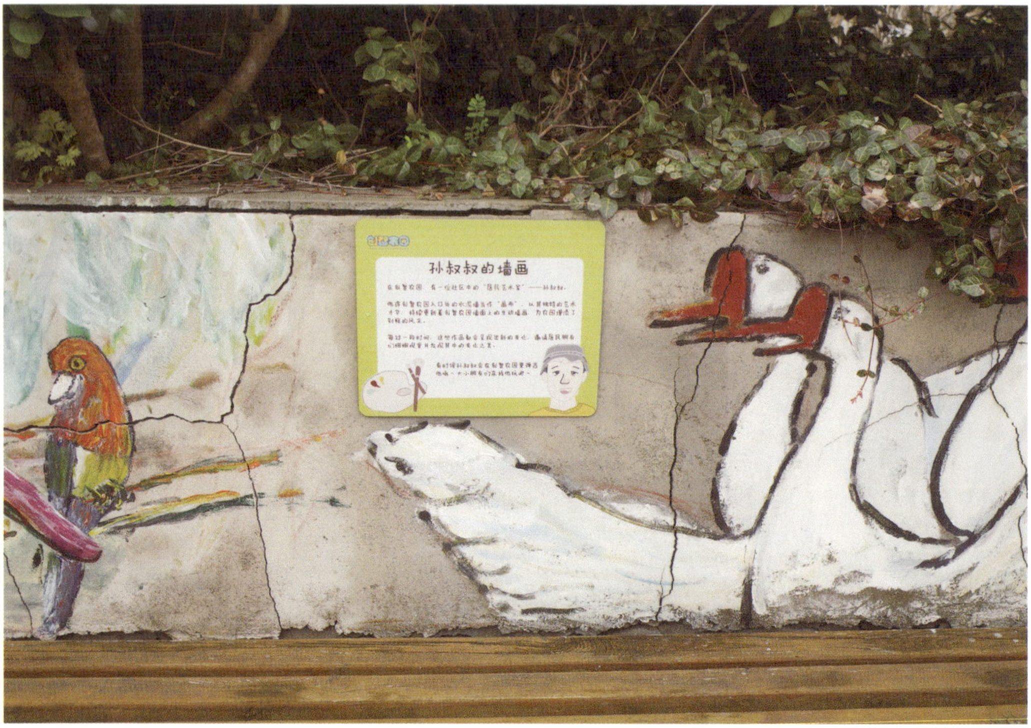
孙叔叔的墙画

hái zi men de huān lè yóu xì chǎng
孩子们的欢乐游戏场
孩子们不需要花哨的名字，只需要"欢乐"那么简单~
游戏是儿童生命中的重要组成部分。儿童游戏权利的保障是儿童友好社区建设的目标之一。儿童通过自由游戏，可以更好地感知世界、锻炼社交、激发创新、减轻压力、疗愈心灵……
然而，在城市现代化的进程中，儿童自主游戏的机会，尤其户外游戏以及利用自然事物自由探索和动手创造的机会越来越少。
因此，四叶草堂与儿童游戏基金在此共同为孩子们搭建一个可在自然环境中自由探索、自由创造的空间。
1931年，丹麦景观设计师提出废料游戏场概念。
经过二战后在英国的全力发展，
演变成现在的冒险游戏场，
并衍生出游戏工作师（playworker）职业。
1970年代，美国成立冒险游戏场协会，
目前有七个州设有冒险游戏场。
1973年，一对日本夫妇将冒险游戏场引入日本。
目前在日本有290多个冒险游戏场。
日本川崎童之梦游戏场
美国加州Berkeley Adventure Playground
1. 保护自己
2. 保护他人
3. 保护环境
我们的入园规则
儿童参与
孩子们是这个游戏场的主人。他们为这个空间命名、参与规划、动手创造。他们与这里的环境互动，既从自然环境中取材，又用其创设环境。
共建共享
这个游戏场需要社区、家庭、机构、企业一起共建，一起投入资源、捐赠资金、收集物料，共同为孩子们的创意提供条件。
自由与责任
我们鼓励孩子们根据他们的天性、想法和兴趣，来决定游戏的内容和目的。但在自由游戏的同时，也要懂得为自己的行为负责，关爱环境，关爱他人，关爱自己。
安全与冒险
我们不会刻意让孩子们面对危险，我们会去除这里"不可预测"的危险，但会保留"可预测"的危险，鼓励他们去尝试、去挑战自我，在冒险中学会思考和技能，在玩耍时学会自我保护。
公告栏
zìrán · zìzhǔ · chuàngzào · xiézuò · fāzhǎn
自然 自主 创造 协作 发展
ér tóng cān yǔ · gòng jiàn gòng xiǎng
儿童参与 共建共享

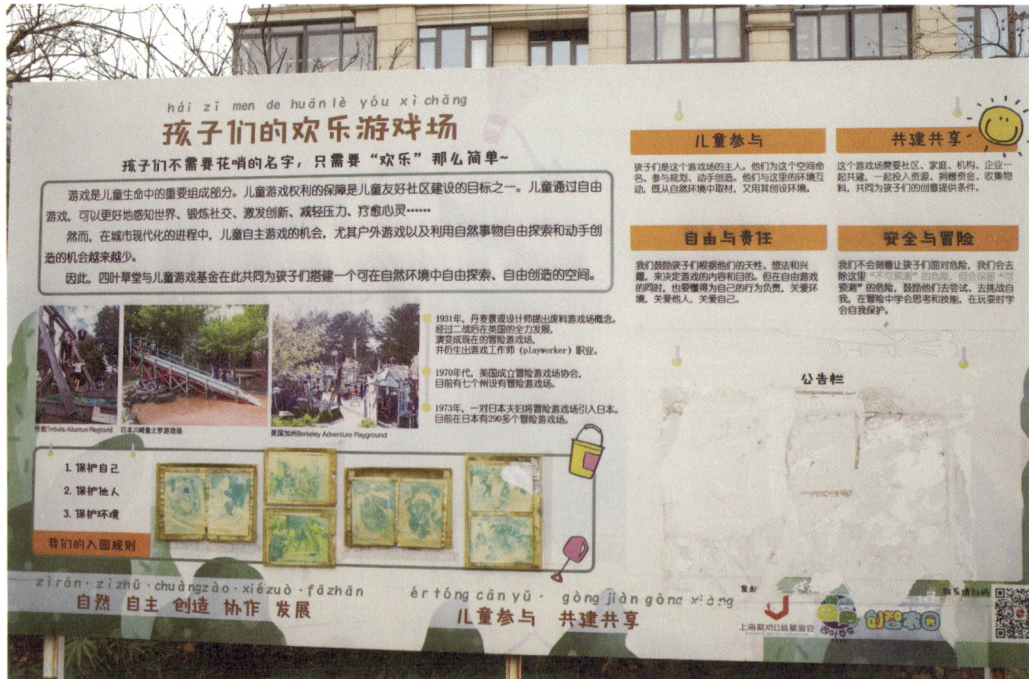

（图片来源：本文作者提供）

在流动的隙地，展开"共治的景观"

"流动性"是城市隙地的关键词，我们在访谈中总结了"城市隙地更新"的三个核心要素：

1. 定义的流动：功能随需求而随时变化，如外摆空间的灵活使用；

2. 运营方式的流动：在非标中探索标准，形成可复制的参与式设计方法；

3. 组织方式的流动：以行动为导向，将"共事"转化为"共识"，最终实现"共生"。

刘悦来老师反复说，和人在一起，才能理解人性，在一起共事，才能成为共同体。以"万科理想之地"项目为例，通过共建委员会和业主自组织，形成"公（公共部门）- 民（社区力量）- 学（学术中立）"的三方协作机制。"民"来自业主代表选举以及在地运营方的代表，"学"的力量则较多体现在对价值正义性的表达，建立对公共责任的共识。公众参与的关键在于"线下共事"，通过共同行动，才能建立公共的责任意识，形成自治规则，实现真正的社会交换与成长。看得见的，是对空间组织建构的实验，看不见的背后是对社会网络的组织和建构。当商业和社区交织的部分越来越多，将社区营造前置，再有商业解决方案，让建筑师、规划师、景观师都以运营为导向进入项目。

我们在访谈结束后参观了创智农园，从孩子们自己命名的"欢乐游戏场"到挂牌"社区规划师办公室"的公共活动空间集装箱，从"孙叔叔的墙画"到"常爷爷的风向标"，目之所及皆是市民的自发创作，这些自主更新产生了新的公共性。我们在这个被林立高楼包围的狭长隙地中，看到了城市更新的另一种生长方式。

新物种空间
XSpecies Here

海宁一日
One day in Haining

1 海宁博物馆

2 西山公园

紫薇阁

惠力寺

建设路

3 干河街 历史文化街区

XSpecies Here 新物种空间

HOTEL

干河街

新月剧场

工人路

长埭路

7 南关厢 历史文化街区

新物种空间 XSpecies Here 位于海宁市干河街，徐志摩故居西北侧，原为硖石一小。围绕干河街，我们设计了一条海宁 City Walk 精华路线。这条路线可直观形容为"两山夹一水"与"一岛三街区"。"两山"即东山、西山，"一水"即市河（长水河）；"一岛"指中丝三厂，"三街区"即干河街、横头街与南关厢，均为省级历史文化街区，有徐志摩、许国璋等众多名人的故居纪念馆。

新物种空间 XSpecies Here，呈现城市的此地和此刻

自 2016 年起，我们用"新物种"来描述那些遵循"生长模式"，而非"生产模式"的商业创新力量。独特、更新、有机，是对液态线下的一种注解，也是 LAUNCH 首发的线下商业方法论。

潮城海宁、徐志摩故居，我们打造了一个根植在地又超越在地的文化消费复合空间 —— 新物种空间 XSpecies Here，期待它是有精神归处的老关厢，也是可寄托日常的新百货。

1. Here：有时间的空间，此地与此刻的流动

此地，是深入在地，干河街的历史、徐志摩故居的诗意，具化为空间可体验的内容。

此刻，是重述在地，Here 美术馆，将围绕王国维、张宗祥、许国璋、陈学昭、查济民、李善兰等海宁历史文化名人，构建历史与当下的新对话；Here 有物，让玫瑰米醋、宴球、松花糕、蜜梨、水蜜桃等海宁本地风物，建立与日常的新关系；Here Coffee，将徐志摩诗歌、海宁风物注入咖啡，创设风味与内容的融合体验。

旧与新、历史与当下、在地与飞地，用不断更新的内容，持续与"我们"建立润物细无声的连接。有时间的空间，让空间向内，让内容开源，每个人的体验在空间中自然生发。

新物种空间 XSpecies Here 俯瞰图。

2. 新物种：有企划的在地生活，老关厢 & 新百货

老关厢与新百货，是对新物种空间的商业定位。我们期待一种关系边界的打破，人群在此融合 —— 居民与游人、年轻与传统、日常与潮流，共同演绎着同一时空中的不同生活风貌。

被定义为新物种的品牌，以重新诠释在地的方式入驻。花厨 CAFÉ·诗光里，在后院种下一棵会开花的树，也在徐志摩的诗歌中重寻"花"的诗意；九木杂物社，把杂货小时光带入干河街历史文化街区；隼影，一个根植海宁的骑行品牌，将"社群中心"落地在此，打造专属海宁的骑行生活。

有企划的在地生活，此刻的呈现只是初始状态。真实的在地、延展的在地、建构的在地，它必然是保持生长的生活方式目的地。

3. 首发：有提案的新观念，在商业与生活之间

如《LAUNCH 首发》的创刊词所说："过去的每一次首发，塑造了我们今天的生活。"自 2021 年开始，《LAUNCH 首发》以文本为形态持续首发商业新议题，2025 年则开启了以空间为容器，首发生活方式新提案的模式探索。

"book+store"是首发空间的业态组合，"book"打造内容体验，"store"精选艺文日常，并创刊《Here Haining 此时海宁》，书写海宁的新地方志。"新观念，在商业与生活之间"，是 LAUNCH 首发的理念坚持，进而具体为捕捉生活潮水的细微之变，放大为可体验的新鲜生活提案。

4. 附近：有方法的内容，城市的观念公区

越是科技大加速时代，人们越需要接近彼此，所以重回线下也是在回应普遍的社会心理。非标的公区在缝隙中生长，边界亦在消融。本就分布在身边的商业空间，成为更具抵达性、更低成本进入生活的附近。

新物种空间，希望更进一步，用观念的力量让公区的意义更加浮现，表现为：随时嵌入空间动线的内容场景 —— 中庭即舞台、阶梯即策展、屏幕即内容，内容让空间真正流动；也表现为独有的街区造节 —— 徐志摩青春诗歌会、周末的 Here 小集，内容让街区真正焕新。有方法的内容，意味着有深度的连接，来承载城市生活的日常意义。

我们相信，城市的有机更新
只能把城市自己作为方法。
新物种空间，必定是与海宁的一次
共同的城市生活实验。

新物种在海宁:
一次共同的
城市生活实验

　　空间的流动,来自不设边界的共创。新物种空间,也是在编织一张意义之网,运营方、入驻品牌、内容创作者和所有合作伙伴,共同发起、进行一场深入海宁的城市生活实验,理解在地、呈现此时、达成共识。

　　我们也发起一次邀约,请入驻品牌花厨、隼影骑行,以及海宁文化名人纪录片的总导演曹容千,讲述从他们的视角理解的海宁生活方式和新物种空间。

花厨 CAFÉ · 诗光里概念效果图。

花厨 CAFÉ · 诗光里

Q：花厨 CAFÉ · 诗光里的名字由何而来？

A："花厨 CAFÉ"是花厨集团旗下全新呈现的复合式休闲空间品牌。秉承花厨集团自然、健康、永续的品牌概念，以自然新鲜食材为源，融入全球健康料理方式，实践"轻盈主义"的料理哲学。

我们从种子到花的自然生长中获得品牌灵感，期待以自然治愈力为都市生活提供一处松弛适度、随性自在的栖居之地，陪伴客人度过轻松疗愈的轻盈"食"光。

在花厨的世界里，美好的食物与诗歌，本就是相互照耀的人生事物。将浪漫镌刻进生活的日常，是我们的出发式，也是我们的回归式。

此次落地海宁新物种空间 XSpecies Here，比邻徐志摩故居让本项目的浪漫加多一层。在这个被诗歌光芒照耀的城市，一切都慢了下来。植物、诗歌、美食，就像三个老朋友的必然相遇。

我们珍惜这必然的相逢，并借此诞生了花厨 CAFÉ · 诗光里，希望于此打造一处诗意盎然的空间，是柔软治愈的"诗"光里，是美味健康的"食"光里，也是值得铭记的"时"光里。

Q：花厨为海宁、徐志摩故居做了哪些特别企划？

A：纪伯伦说：春天的花是冬天的梦。

花厨 CAFÉ·诗光里项目同样也萌芽于一个寒冷的冬日，"在诗人的故乡，再造诗意生活"——我们在后院种下一个梦境，等待它在春夏的暖阳中浪漫绽放。

花厨 CAFÉ·诗光里以不同于过往花厨的样貌风格展现，就像诗人的笔尖，更加自由轻快。在这里可以找到我们小心藏起的诗句，也许在光里，也许在纸上，也许在杯中。

我们也将和整个新物种空间一起，持续为客人呈现与志摩和诗歌有关的限定活动，让诗意再一次走进三餐四季、平凡生活，让美食拥抱爱，像鲜花拥抱诗歌。

这里是诗人的故里，也希望它是你诗意生活的故乡。

因诗歌而生的花厨 CAFÉ·诗光里，希望从这一方小小的天地出发，去探寻当下中国诗意生活的路径。

那么，花厨 CAFÉ·诗光里，邀你与诗同行，与美同在。

Q：一家餐厅，如何建立与一座城市的关系？

A：餐厅往往通过味道确立和一座城市的关系 —— 扎根或逃离。

在花厨 CAFÉ，除了味道，还会感受到五感和情绪的联结。

我们以仕地新鲜的食材融合国际健康烹饪技法，为海宁增加现代轻盈的无国界美食味觉；以品牌代表性的花艺和自然美学致敬海宁国际花卉城市的定位；美食热腾腾的香气伴着悠悠茶香和花香，轻抚凡人心；诗歌和江潮声声入耳，那是对诗人的爱恋和对自然壮美的颂歌。

餐厅与城市的终极关系，大概是提到此会自然想到彼的共生关系。花厨 CAFÉ·诗光里也期待以"诗意生活"成为在海宁会被自然想起的城市符号之一。

隼影骑行生活集合店

Q：海宁的骑行文化有哪些独属于自己的特色？

A：作为一个海宁人，对海宁这座"小城"的骑行文化还是非常骄傲的。附近，有洛塘河绿道骑行；周末，可以约上骑友挑战"百里钱塘"生态绿道——这条被我们本地人骄傲地称为"潮乡最美骑行线"的路线，春天有樱花雨，秋天是金黄的银杏隧道，骑到盐官段还能远眺钱塘江潮。

还有一条可以更深度了解海宁的"诗路骑行"。从徐志摩故居出发，穿过王国维书院门前的老街，金庸旧居的桂花香一路相随，仿佛在翻阅一本文化词典。

晚间骑行也可以"不打烊"，鹃湖环线，地面 LED 灯带可以指引方向，湖边市集有地道的本地美食提供补给。

跨城骑行也有很多选择，以海宁为起点，可一日往返嘉兴南湖（70 公里）、杭州下沙（50 公里），沿途有很多骑友私藏的补给点。

海宁骑行的魅力——不只是在运动，更是在用单车测量这座城市的温度。

Q：隼影入驻新物种空间，做了哪些特别企划？

A："这里不仅仅是个卖自行车的地方，我们要打造的是海宁骑行爱好者的社群中心。"

从产品到生活方式。我们会突破传统单品，强调生活方式。除了专业自行车外，还会引入更多时尚骑行装备和生活周边，让骑行成为一种生活态度。

从消费者到骑友社群。这里将成为骑友们的聚集地。我们会定期组织特色骑行活动，带大家用自行车重新认识海宁的大街小巷。

从城市空间到在地文化。我们还会为新物种空间、干河街、海宁量身定制专属路线，但不只是"肉眼可见"的城市，重要的是与在地文化的深度联动，名人故居、老字号商户、宝藏小破店都将成为线路中重要的联结点。骑行不仅是运动，更是发现城市的新视角。

Q：以骑行的方式来了解城市，会有哪些不一样的视角？

A：我坚持认为骑行会带来三个不可替代的城市体验视角：

第一，速度决定深度。15 ～ 20km/h 的骑行速度恰好处于"扫视"与"凝视"的黄金平衡点，既能覆盖足够范围，又能捕捉步行容易忽略的街景细节。

第二，路线创造发现。我们设计的文化骑行线刻意避开主干道，带骑友穿过菜市场后巷、老厂区改造区，这些"城市褶皱"里藏着最真实的地域肌理。2023 年就有骑友在皮革城周边的小路发现了 20 世纪 80 年代的海宁工业遗迹。

第三，互动产生联结。骑行时与摊贩、居民的随机对话，比任何旅游攻略都更能理解城市性格。我们统计过，骑行者在途中的社交接触频率是步行者的 3 倍、自驾者的 10 倍。

这些视角差异，正是我们坚持"以轮读城"的理由。

曹容千　纪录片导演

Q：第一部关于王国维的纪录片，有什么特别的拍摄视角？

A：与专题类纪录片宏大视角相比，这部片子更像网飞（netflix）式的人物纪录片，取自真实故事。片子以王国维孙女——王令之女士的口述展开回忆与线索。于是原本"王国维"语义符号里的大师属性，会变得更像家人、更亲切，像《人间词话》中提及的"不隔"之感。王女士已年过七旬，相信这部纪录片所呈现的，后人视角中王国维所在的家与国，会在未来的某天显得格外珍贵且无法复刻。

Q：在海宁的拍摄中，有哪些吸引你的城市细节？

A：太多了，主打"文思如潮"。例如对联，道观写"别来问我、自问其心"；戏台写"别得意忘形，上台莫忘下台时"。这些见仙不拜、戏如人生的顶级调侃在其他城市中并不多见，这种自信似潮水、微醺、自由、俏皮、预料不到，且高你一个维度后向下兼容。

　　更过分的是，隔条街就有名人故里，好似这座城有天命感——名人本都应该住这里，有什么大惊小怪的。

Q：王国维与海宁，最值得提炼的故事线索是什么？

A：王国维是海宁人，这本身就是最值得提炼的故事线索。

虽然这是事实，但当我们将王国维的学术成就与海宁名人众多这一现象放在一起思考，事实就多了一些必然性。乱世中耕读传家是极大的奢侈，它需要经济与精神世界的双保障，也不能脱离文化环境而独存，但更多是"继往圣之绝学"之志。

这条线索、这种事实对今天而言值得提炼。放眼当下，做个精神贵族何其可贵。

王国维纪录片《静安先生》剧照。

第二章

以流动性构建场所精神

场所是怎么成为一种精神的？当它超脱空间物理功能，而融合更多情绪、内容社群的生长线索，给走进、沉浸于其中的对话者以丰盛的精神滋养和仪式感共振，人们才会有"买椟还珠"的感慨——无论里边装有什么，无论在什么时间，我为这个"场"而来。场所精神，让流动的液态线下有了笃定的态度。

在流之中，
葆有场的精神

文 / 杜颖

当"液态"成为线下生活的正确姿态，空间商业也迎来一轮深刻转变。细数这些年，线上生活"空间"早已无处不在：内容是场，社群是场，兴趣是场，每一次"新连接"生成背后，都伴随一个"新场所"聚合与固化。而视线回落线下，空间商业的"场所"这些年在怎么变？从"临街店铺"到以 Mall 为代表的"大盒子"，再到非标商业的"分布式"……不知不觉间，场所的本质已被重新定义。

曼谷 The Commons 关于品牌理念说明的艺术墙面。（图片来源：本文作者提供）

1. 从容器到介质，场所本质再定义

　　液态时代的空间革命，始于对"实体性"的祛魅。当建筑学长久以来奉行的标尺逐渐坍塌，场所的存在逻辑正从物理围合的确定性，转向关系架构的流动性。四面墙不再是空间的终极答案，而成为可被解构的临时符号。场所的精神内核不再依赖物理容器的完整性，反而在边界消融中显露出更本质的引力。

　　这种认知跃迁在消费迭代与技术渗透的双重夹击中愈显清晰。长久以来，电商剥离了空间的交易功能，却迫使实体场所重新确定价值坐标：它们必须成为比商品更高级的意义发生器。正如曼谷 The Commons 将中庭转化为垂直社区广场，人们在此办公、烹饪、举办沙龙，Wi-Fi 信号与咖啡香气在阶梯间缠绕。当空间不再提供"功能"，而是制造"相遇"，场所便从容器升维为催化关系的介质。

　　更深刻的实验也发生于在地性与当下性的汇合处。深圳南头古城让明清城墙遗址与现代商铺共生，游客在博物馆旁选购潮玩。这种看似冲突的并置，实则是液态空间的时间折叠。场所精神挣脱了博物馆化的标本状态，转而以"可触摸的记忆"重构人与历史的对话方式。空间不再是凝固的纪念碑，而是流动的叙事体。

曼谷 The Commons 中庭。（图片来源：本文作者提供）

2. 成为"精神指南": 场在今天的新价值

当代诸多新商业"场所"的精神价值,在于其作为"时空编辑器"的叙事能力。当消费主义试图将一切体验标准化,那些能折叠时间纵深、激发文化仪式感的空间,正在重新滋养生活方式,再造商业的语法。

这一法则在上海蟠龙天地的精密平衡中可见一斑。坐落在"上海国际消费"与"江南精神原乡"的连接处,水乡市镇+街区商业的登场,不是旅游景区或城市更新的既有气质,更像一处以"当下性"执笔书写的生活舞台剧、桃源体验场。

没有参观与被参观,未必复古就比崭新更迷人。掀开在地化的笼统叙事后,是否真正理解本土的细节,是否真正以精神符号打动人,反而有了更清晰的评断标尺。公园商业 × 水乡人文,是全新的联名,也是本有的精神自信。鳞次坐落的雅集、戏台、庙宇、祠堂、十字街、南北市、拱桥连廊、丛林草地,潮流消费的新叙事、新表达其实从不令人陌生,因为国人本就如此享受市井,"江南百景"本就自带场所精神。

在场的"精神指南"之下,消费行为被重新编码:购买不再止于交易,而是激活新生活日常的仪式。场所精神在此具象化为"任意门",让每个商业触点都成为连接过去与未来的钥匙。

而在规划失效处,场所精神往往以更野性的姿态生长。广州,在六运小区这个建于 20 世纪 90 年代的活力老社区里,肠粉店蒸汽渗入书店,老式防盗网缠绕的爬山虎成为买手店橱窗,居民晾衣绳下突然冒出精酿酒吧或者冰室。这种"野生美学"颠覆了自上而下的设计权威。当社区公告栏

上海蟠龙天地一景。（图片来源：上海蟠龙天地官方公众号）

变身策展墙，场所的活力和场所中充满活力的人，证明真正的精神价值不在预设的"完整性"，而在于留白的"可侵入性"。六运小区就这样通过非规划的共生关系，让商业与生活达成某种诗意的平衡。

这种法则正在全球空间实验中形成共振。在米兰垂直森林公寓，空中书吧悬浮于树冠之间，枝叶摩挲声成为阅读白噪声；伦敦巴特西电站将巨型涡轮机改造为零售空间，工业齿轮与年轻人消费映衬。它们共同印证着，液态线下的场所精神，本质是"流动中的永恒"。当空间放弃对形态的绝对控制，反而能通过价值共鸣，在不确定中沉淀出恒定的意义内核。

3. "场所精神"关键词：开源、日常、价值观

场所精神的持续养成，我们提炼出三个关键命题。

"开源架构"对抗着空间的衰老固化宿命。当柏林 KINDL 当代艺术中心保留百年啤酒厂的铁锈肌理，却让每个空间都被重新构想；上海现所创意园模块化设计实现边界模糊，空间便从完成态转向进行时。这些"未完成"的场所如同具有开源机制，允许使用者共同编写空间叙事。开源不是技术策略，而是空间平权化的宣言：场所精神的进化权，应当交还给每一个参与者。

"日常史诗"在于逐渐解构先锋艺术的难以企及。前几年"美术馆时代"的行业共识便是新一轮场所精神的外显。这种对庸常生活的赋能绝非降维，而是让历史记忆自然渗入生活基底，当场所的态度挣脱阳春白雪的束缚，方真正成为城市呼吸的节拍。

终极意义上的场所精神，固化为"价值观"的浸润形态。如东京代官山 T-SITE 用书构建"反效率主义"生活提案，允许读者深夜滞留，场所如同精密的精神筛网，在流动中持续匹配信念共同体：关于创造的自由、共生的信念、对速度的反叛，这些价值沉淀终将成为超越时空的气质与风格。

液态线下的空间商业叙事，终是形与神的永恒博弈。那些能持续编织关系、激活记忆、固化价值的空间，如同水中墨迹，形态随波消散，神韵愈发清晰。这或许正是场所精神的本质命题：真正的永恒，恰在无常的流动之中。

上海现所创意园。（图片来源：上海市静安区 区融媒体中心）

上生新所：
场所精神的
生长实验

文 / 杜颖

　　谈论"场所精神"这一液态线下的商业地产命题时，长期观察城市空间演进的我们，总是首先想到"上生新所"这个项目。

　　这片位于上海新华路历史文化风貌区的土地，承载百年时空叠影：1920 年代哥伦比亚住宅圈的侨民社交基因，1950 年代上海生物制品研究所的科研工业记忆，在 2016 年万科介入改造后，又逐渐变身为一个液态时代空间共生体样本。并未粗暴覆盖历史，而是以修葺手法弥合不同时期的空间内涵 —— 哥伦比亚乡村俱乐部的柯林斯立柱与生物所厂房的包豪斯线条共存，孙科别墅的巴洛克窗棂倒映元宇宙体验馆的霓虹。

　　围绕"场所精神"在流动空间的创新实践，《LAUNCH 首发》特别对话上海万科城市更新事业部商业负责人殷嵩安，从一期改造、运营到最新的二期开拓，了解他们在这场持续生长的"场所实验"中的本质思考。

（图片来源：上生新所官方公众号）

1. 造场：垂直社群锚定精神坐标

开放式商业空间的困境往往显而易见 —— 气候的不可控性、非核心区位的天然限制，但上生新所将这些挑战转化为塑造"场所精神"的独特切口。

一期运营并未追逐传统商业的黄金公式，而是以"Urban Outdoor"城市户外生活为锚点，构建垂直社群的精神磁场。骑行装备体验区、共享露营站、临街自行车工坊等品牌特色门店设计，看似非常规业态组合，却暗含精密的空间叙事逻辑。

暴雨突袭时，骑行者在维修台擦拭车架，店员可递上热饮；烈日午后，周边白领借用露营椅在树荫下休憩。这些场景并非偶然，而是通过空间设计引导的持续性互动，创造"新目的地场所"。项目团队通过场景化运营，将园区空间转化为吸附特定群体的"户外会客厅"。当商业地产困于地段论时，此间以低密度布局换取高频人际触点，让场所精神在非标中悄然生长。

（图片来源：上生新所官方公众号）

2. 在场：时间折叠与功能溶解

在流量焦虑主导的商业环境中，上生新所选择了一条更注重"时间价值"的路径。二期招商中，项目方明确拒绝同质化业态，所有入驻品牌需具备多时段运营能力。服装店融入手作工坊，咖啡店夜间切换酒吧模式，连办公楼也参与空间叙事 —— 相关企业必须打开办公楼一层，改造为可以互动的内容输出场景业态，体现创意生产过程。

这种设计打破了既往商业的时间割裂感。午休时白领在体验馆参与互动游戏，下班后转角遇见面包节，周末携家带口参加书店的亲子活动。时间被折叠进同一物理容器，消费行为转化为持续关系沉淀。当每个空间都主动拒绝成为动线的孤岛，场所精神便在日常流动中自然生长。

（图片来源：上生新所官方公众号）

3. 开场：让关系网络自然发生

场所精神的终极形态，在于激发参与者的共创力。二期运营中最具启示性的突破，是空间管理权的"适度让渡"。项目方鼓励商户自发连接：新店开业需与既有租户共创活动，户外品牌联合音乐厂牌举办演出，书店与甜品店推出主题联名。这些非强制但系统化的设计，催生出独特的"自组织生态"。

"轻干预"的规则支撑这种生长：提供基础支持，统一接口标准，弱化指标考核。在此框架下的创新涌现，譬如花店可以为咖啡馆设计植物特调菜单，骑行社群自发组织城市探索活动。当项目方从"主导者"转变为"赋能者"，场所精神反而在参与者的共建中持续裂变新的意义。

上生新所的两期实践揭示场所精神的层层生长逻辑：以垂直主题造场，在非标地段锚定精神坐标；用时间折叠实现深度在场，将瞬时消费转化为持久关系；最终通过生态自组织开场，让空间成为集体创作的日常。这种模式不依赖网红标签或硬件堆砌，而是通过持续的关系编织对抗空间焦虑 —— 当骑行者在暴雨中分享探索路线，当剧本杀玩家在爱奇艺创意中心旁讨论剧情，那些看似松散的行为，恰是场所精神最坚实的原点。

从哥伦比亚生活圈的侨民俱乐部到上海生物研究所的科研堡垒，再到今天的液态线下共生体，真正的场所精神，永远生长在在地性与当下感的交汇处。它不追求永恒的形态，而是在持续流动中，将空间转化为一座"未完成"的城市剧场 —— 每个参与者都是编剧，每段关系都是台词的续写。

什么是商业空间恰到好处的流动性？

近几年，谈论商业空间的呼吸感、流动性、日常化的声音在行业内不绝于耳，也诞生了许多定义空间新态度、新精神的先锋项目。我们邀请了几位身处一线的行业人士，以"流动性"为主题，探讨今天是什么决定了一个商业空间的优秀与否。

一、为什么"流动性"会成为今天商业空间运营的共识。

二、在商业空间越来越追求非标、多样性的背景下，一个项目如何做到"形散神不散"，有什么案例观察和方法总结。

三、从你的实践视角，如何理解"液态线下"想要表达的商业空间趋势所在。

吴忧：
用新语言讲述空间的故事

吴忧：一筑一事执行主编／编辑总监、城市纪实摄影师。参与策划《一筑一事：成都》（2021 版）、《重庆》、《成都绿心》（首部龙泉山城市公园出版物）、《都成：附近，日常与想象》等大部头城市指南出版物，以及《成都艺术空间》《城市的里子：中国西区六城》等小型出版物。

1. 六种"流动性"正在发生

在一筑一事的长期观察中，随着全球化带来的市场融合、跨地域跨文化交流加深、AI 工具冲击生产效率、Z 世代"情感共振"消费的觉醒……"流动性"已成为数字与实体、全球与在地、效率与温度的动态共生。

聚焦在商业空间，这种流动不是简单的物理贯通，而是将"人的行为模式"转化为"空间生长基因"的系统性重构，或者说是一种增强设计"人与人、人与城市、人与周遭连接感"的商业空间营造方法，这种方法不仅运用于商业运营，越来越多的项目在策划初期，就将其贯穿从规划、改造（设计）到商业、社区运营的全生长周期。

"流动性"并不单一表现在商业空间运营之中，而是一种有关创作方式的全球化共识。我们能从更多当下的文化和生活方式现象中看到它的不同表现，也能从中看到流动所具有的生长性，以一筑一事最近举办的第三届筑事奖中的年度现象观察总结举例：

（1）建筑师的流动：近 40 年来，中国建筑师"出海"的轨迹从援建拓荒到文化输出，2006 年马岩松以"梦露大厦"叩开国际竞赛大门，标志着先锋事务所开始用东方美学对话西方语境，今年 3 月 4 日最新消息，2025 年建筑界最高荣誉奖第 54 届普利兹克建筑奖授予刘家琨（Liu Jiakun）——来自中国成都。当西方在存量市场精雕细琢时，中国建筑师在增量蓝海建构着新文明想象。这种出海已超越空间营造，成为文明对话的立体媒介。

（2）品牌的流动：新一代品牌出海正经历从文化符号到生活方式的全球叙事转型，以文化自信为内核实现"软着陆"，将东方美学与在地智慧融入全球生活场景。在我们的观察中，独立书店、酒吧、设计品牌作为文化触角，在伦敦、纽约、东京等城市构建"第三空间"，例如 BAR LOTUS 以东方调酒美学对话伦敦酒吧文化，重音姐妹书店在纽约打造双语社群据点，这些空间通过弱化商业属性、强化精神共鸣，成为本土文化的海外镜像。

（3）县城青年的流动：当青年带着城市经验逆向洄游县城，他们通过消费空间创新激活地方活力，以主理人、共创消费者与传播者等多重身份，构建起县城空间再生的多元网络，探索兼具经济与社会价值的县域发展新路径。未来或将涌现更多"县城青年空间＋"模式，既避免成为都市镜像，也不固化为文化标本，而是通过全国性文化网络连接，推动县域突破物理边界持续生长。

（4）群体的流动："景点打卡"转向"文化浸入"，地方文旅热正以文化符号为媒介，重塑人与空间的深层联结，而社交媒体掀起的民俗复兴潮则成为地方突围的催化剂，推动反向旅游纵深发展。与此同时，《黑神话：悟空》《哪吒 2》等新世代文化 IP 的跨界赋能为小众目的地打开平行时空，越来越多的年轻旅行者正以文化解码者的身份参与重塑地方叙事逻辑；240 小时过境免签政策更让外国旅人深入体验 China Travel，中国文旅的叙事权正从景点转向生活方式，游客不再是观看他者的文化标本，而是成为在地生活暂时的参与者。

（5）个体创作者的流动：数字游民正从"流动个体"演化为"乡建节点"，催生出一种新游牧主义实践 —— 以数字技术为工具，以乡村为锚点，构建兼顾工作自由与社区归属的可持续生态。这种模式不再停留于地理套利，而是通过社群共创激活空心村落，形成"游牧 - 在地 - 再生"的闭环，核心在于"流动的扎根" —— 数字游民以技能为杠杆，撬动城市智力资源向乡村沉淀。

（6）内容的流动：当线上流量争夺进入白热化，品牌开始将"策展思维"注入线下空间，把门店、市集、快闪店转化为可沉浸翻阅的"立体杂志" —— 通过空间叙事、文化表达与多元交互，让品牌故事与受众实现更深度的精神共振。这种趋势既是对"打卡经济"的迭代，也标志着实体商业从"卖货场"向"内容发生器"的进化。这些实践模糊了商业与文化的边界，通过空间策展、在地叙事与社群共创，将品牌价值转化为可感知、可传播、可留存的"实体内容"。

2. 让每个褶皱都生长出故事

"非标"不是一种类型的定义，也无法被定义，之于商业空间，非标更像是一种在不断创新中找寻商业定位、精神内核的实验路径。

以我们的观察为例，那些被遗忘的老厂房、屋顶天台、山城陡坡，在青年主理人与策展团队的共创下，蜕变为兼具野生感与策展性的"附近探索地" —— 它们不追求精致完美，却以真实粗粝的在地肌理，吸引年轻人重新发现城市的呼吸。在成都东郊记忆，东方正火以"点状激活"策略将废弃厂区切割为七个主题组团 —— 从赛博朋克市集到复古创意集盒，用独立 IP 集群取代传统招商逻辑；麓湖 CPI 用"杂志编辑思维"筛选品牌，让买手店、面包房与永续理念交织，创造中流量、高客单的消费模型……

一筑一事持续追踪这类"野生商业体"的共性：抛弃精致化场景堆砌，转以"低干预设计"保留原生肌理 —— 成都此地 CyPARK 保留建筑峡谷形态，用骑行绿道串联社群；厦门退化公园 DVLN PaRK 在屋顶植入夯土装置与自由摊位，让商业与市井自然共生；成都东顺城南街 LET'S 街区联动品牌持续展开内容企划，像街道一样，以开放包容的姿态与城市对话，与生活对话，与人对话。在地基因与青年力量在此碰撞，商业不再是目的地，而是触发城市探索的起点。当"附近"成为新流量入口，非标商业正证明：真正的吸引力不在于完美无瑕，而在于让每个褶皱都生长出故事。

所谓的"形散神不散"，不在于流量和噱头的营造，核心在于找到项目自身"讲故事的语言"，以此触发受众作为"时代共同体"的情绪共鸣。

3. 如果社区是一条河流

我想到了"河流"的概念，一条流动的河流，就是一个关于时间与空间的动态有机系统，未来的商业空间，或许不止商业空间，还包含更多的公共空间和独立空间，它们会像河流一样从四面八方汇聚、滋养生态、承载记忆、连接文明，最终流入世界的海洋。

这样说或许有些抽象，举个例子，看看你周围的社区吧，如果社区是一条河流，你可以如何参与其中？

我们发现，近年来以社区为单元的空间实践正成为主流，一种以内生力为核心的更新模式正在兴起 —— 通过保留在地文化基因、激发居民共创、植入轻量业态，让社区成为自我更新的主体。

在成都玉林二巷，一介建筑将废弃自行车棚改造为"CACP 社区艺术空间"，裸露的轻钢结构由居民共同搭建，透明聚碳酸酯板引入自然光，防风布帘模糊室内外边界，居民在此举办工作坊、展览，甚至自发引入花艺店铺，让"边角料"空间成为社区纽带；在昆明斗南村，和风文旅以"花卉 +"为线索，在亚洲最大花市旁的城中村启动"斗南森林计划"，保留自建房肌理的同时，通过花神广场、本土植物花园激活公共生活，让鲜花产业链与社区日常深度交织；泉州祥芝渔港巴浪鱼咖啡将凿冰室改造为社区咖啡馆，保留渔民涂鸦墙面，引入渔网编织共创项目，用咖啡串联起渔业文化与新消费场景。

　　这些实践不再依赖"标准化改造",而是以"有机协作"重构空间逻辑:设计团队退居幕后,成为资源链接者;居民从使用者变为共建者,甚至是主导者。当更新从"解决问题"转向"培育关系",社区便不再是改造对象,而是持续生长的有机体,这类"小而深"的实践,印证了城市发展的一种趋势 —— 只有对社区有长效价值的设计,才能让多方受益。

　　回到"液态线下"想要表达的商业空间的趋势,我想应该是:商业空间成为日常社区,激发更多个体共同的关心、参与和共创。

"设计中"是 CACP (Community Art Creative Project) 项目下的空间实践项目，项目将一座废弃的自行车棚改造为一个新的公共空间。左侧图片从左到右，分别为场地入口、后院视角景色。右侧图片从上到下，分别为场地建设过程图和项目完成后的夜晚景色。（图片来源：一介建筑；摄影师：存在建筑－建筑摄影、一介建筑）

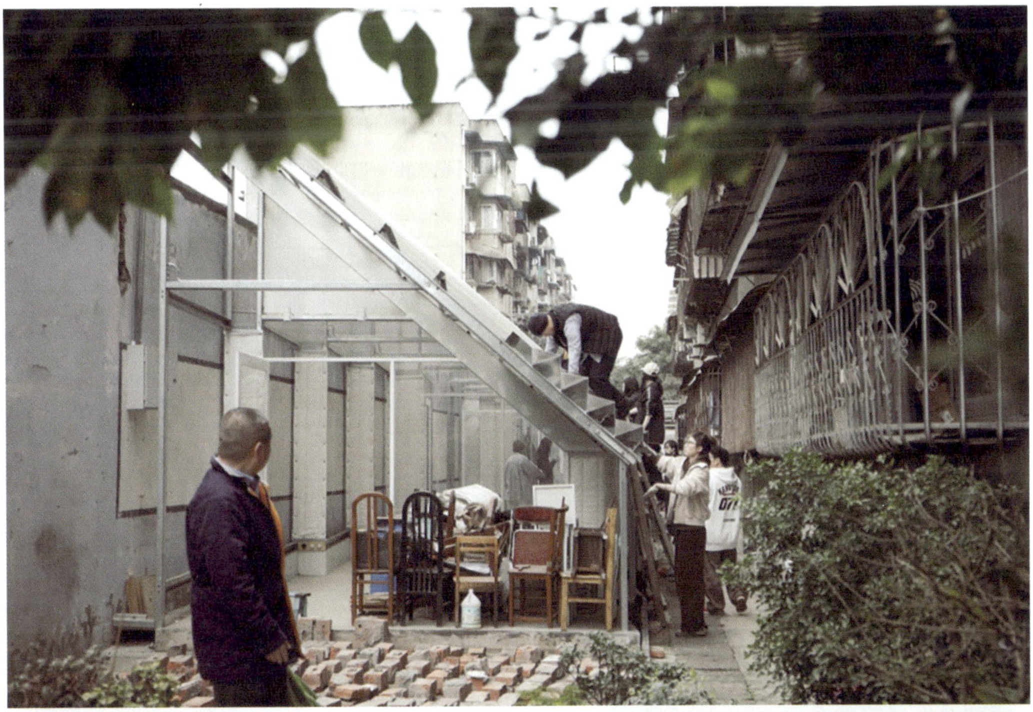

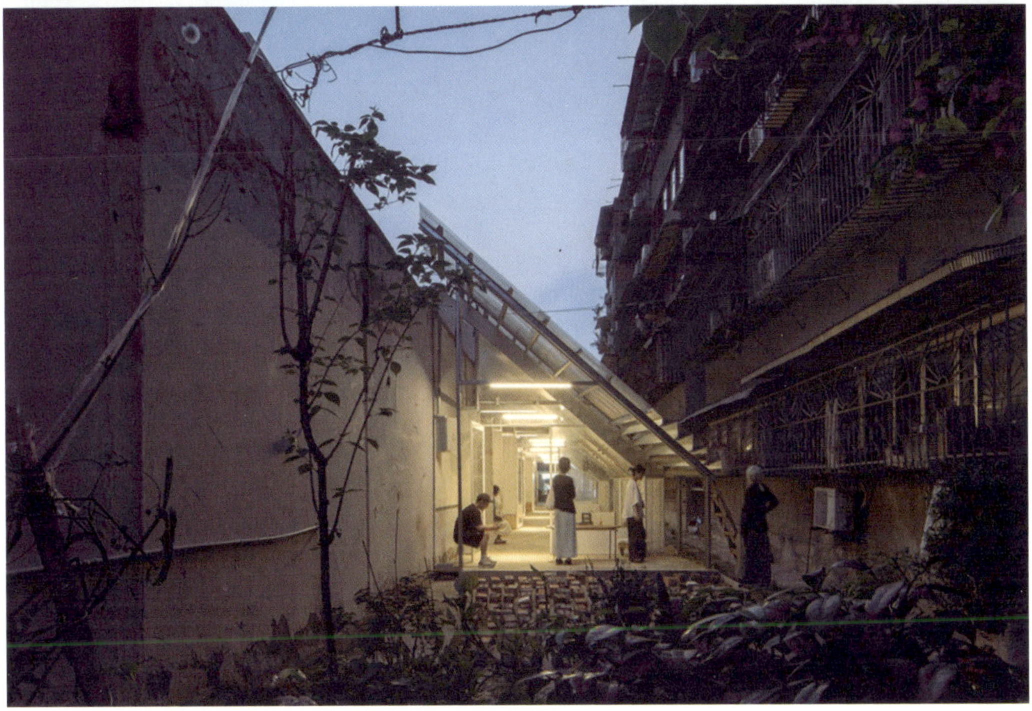

吴鸣:

线下空间是线上的"片场"

吴鸣:青年艺术家、设计师、野生创意事务所创始人。坚持在可持续艺术方向上创作,将不同的回收材质重组再造,以艺术装置重塑自然,传递可持续生活方式的乐趣。拥有建筑学双学士学位的他擅长以建筑学的视角洞察需求,用创新设计构建品牌体验。

1. 人们希望在线下体验更多内容

"流动性"成为今天商业空间运营共识，我觉得是因为以下几个原因：

当下更多消费者会更追求体验，而不仅仅是商品的购买。流动性使得商业空间能够灵活调整布局，适应快速变化的市场和商品需求，从而更好地满足消费者的多样化需求。

其实现在线上消费习惯已经逐步养成，互联网发展刺激人们希望在线下能体验到更多内容，因而商业空间在这样的需求变化之下不再是单一的交易场所。我觉得线下空间和体验本身也是线上内容生产的"片场"，通过多样性和流动性来实现线上线下的有效结合，提升顾客的购物体验。

在竞争日益激烈的市场环境中，商业空间需要通过流动性来提高自身的适应能力和竞争力。就像我说的，这个"片场"中的内容是需要常去常新的，灵活的空间设计运营模式才能承载更多可能的内容，才能够帮助商家快速响应市场变化，优化资源配置。这也与可持续发展理念和价值观相契合，通过灵活的空间使用，减少资源浪费，提升商业空间的利用效率。

2. 始终围绕核心价值布局策划

我可以分享一些我参与的项目案例，和大家一起探讨。

案例一：NESPRESSO AOM

像我为 Nespresso 在上海环贸做的品牌策展空间，不仅是一个咖啡产品的销售空间，更是品牌文化以及艺术主题体验的互动场所。这样的空间可以丰富品牌的积累与沉淀，依靠不同的主题内容吸引大量的消费者参与，从不同维度建立品牌与消费者之间的对话。

案例二：华硕灵耀艺术展上海站

我 2024 年为华硕策展的灵耀艺术家全球巡展，是将科技与艺术结合的一个创新尝试，展示了品牌的创新精神和文化内涵。展览空间不仅展示了其最新的笔记本电脑产品，还通过艺术装置和互动体验吸引消费者。这种结合使得商业空间不仅仅是传统产品展示的卖场空间，更是传递品牌理念和文化的场域。有效地将品牌故事与消费者对于产品使用、艺术共鸣的需求同时连接起来，在享受艺术的同时，也对品牌形成了更深的认同。

案例三：Nespresso 社区公益空间

我 2024 年同样也受邀与 Nespresso、静安寺街道、Shanghai Daily、Oatly 无声咖啡师共同合作呈现 Nespresso "时刻艺境" 公益驿站项目。在这个项目的空间设计中包含了咖啡体验、社区活动、咖啡渣回收介绍、互动投票多个环节，消费者可以在此更加完整真切地感受到品牌的可持续价值观，这种公益的社区项目，让品牌以及咖啡渣回收的可持续理念都变得与消费者更近。

总的来说，我认为"形散神不散"是指商业空间在形态和功能上实现多样性，但依然保持品牌的核心价值和主题。在这样的空间设计以及运营中，始终都需要围绕品牌的核心价值进行布局和策划。

设计不同的空间区域承载陈列、展示、互动、打卡等多种功能，这个"片场"才能时常焕新，足够丰富，区域之间也就可以有多维的叙述逻辑以及更自由的参与动线。在这个基础上，空间的社交性以及品牌与消费者的互动性都得以增强，使消费者在多样的体验中找到与品牌价值的共鸣。

3. "液态线下"强调灵活性与适应性

"液态线下"这一概念强调的是商业空间的灵活性和适应性，反映了以下几个趋势：

商业空间需要能够快速灵活地适应市场变化和消费者行为的变化，提供多样的布局和功能，促进顾客参与互动。基于此，随着消费者对购物体验的重视，"液态线下"空间可以调动起消费者对于空间的互动性和参与感，鼓励消费者在空间中探索、交流和分享。

液态线下空间也不止于购物场所，更是社交和文化交流的平台。通过以社区、交流、互动为中心的活动、互动设计，增强人与空间的互动，强化彼此黏性。在此之上，技术的参与和应用更能使商业空间实现个性化和智能化，多样的沉浸式体验可以带来完全不同的空间与主题，形成差异化。

华硕灵耀邀请策展人吴鸣携手工业设计师章睿麟、折纸艺术家刘江辉共创的上海"Design You Can Feel 耀启新境 —— 华硕灵耀艺术家全球巡展"首站在上海·桃江路 47 号 Chapter 空间。（图片来源：本文作者提供）

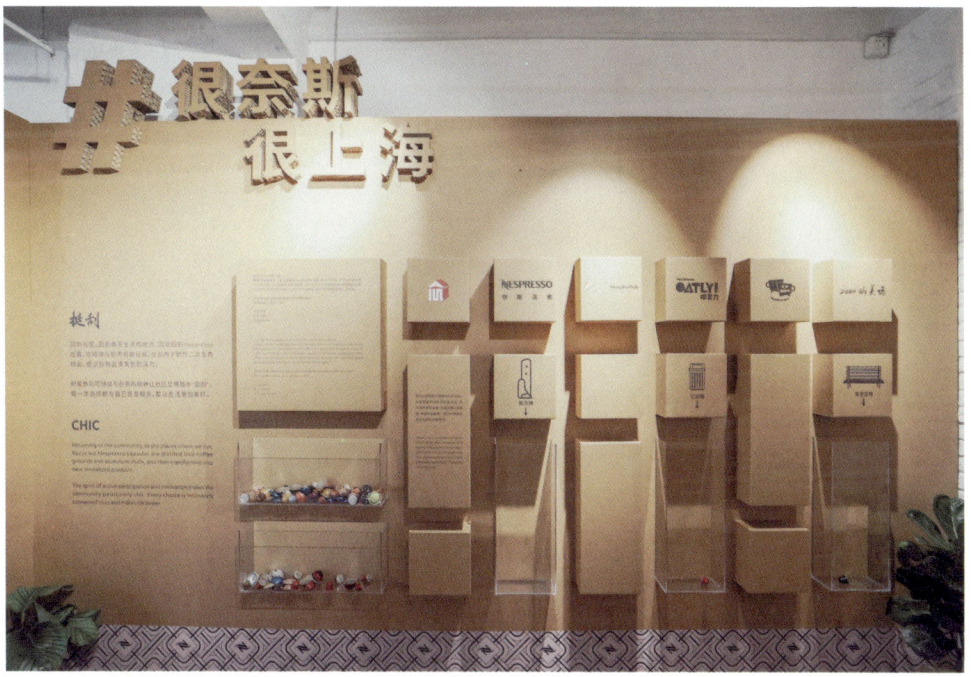

Nespresso 奈斯派索 "时刻艺境" 公益驿站。（图片来源：本文作者提供）

NESPRESSO AOM 空间现场照片。（图片来源：本文作者提供）

宁冠博：

议题驱动，找到空间的"神"

宁冠博：场景实验室副总裁，资深商业战略咨询顾问，在空间商业与移动出行领域有多年实践经验。服务过瑞安、融创、长房、ThinkPad、亚朵等品牌客户，深度参与过多个空间商业项目的策划与落地。

1. 流动性，商业运营的基本能力

在我理解，"流动性"之所以成为当下商业空间运营的共识，其核心原因仍在于"人的流动性"。当今社会已经进入高频流动时代，我们的生活被比特化、即时化的节奏所驱动。线上场景自不必多说，各种信息流时刻在刷新着我们的注意力，消费者对于新鲜感和即时满足的需求达到前所未有的高度。这种行为模式自然会延续到线下商业空间。

商业空间的核心价值早已从单纯的物理场所转向"体验流"的提供者。消费者渴望"即刻新鲜感"，一个商业空间消费者去过一次后，隔段时间再去如果发现没有变化，就会被视为"不思进取"或是"缺乏活力"的表现。过去消费者对这种场景更新周期的期待可能是以年为单位，如今已缩短至月、周、日、时。流动性的源头来自人，而供给侧也需要匹配这种变化的节奏。从前，商业空间的流动性可能更多是个别先锋项目在尝试，而今天，它已经成为商业运营的基本能力，甚至可以说，是决定一个空间能否存续的核心竞争力。

2. 不讲历史，而是讲未来

2024 年年底我们与 ThinkPad 在北京 798 艺术区共建了一个特别的项目 —— ThinkPad 思考空间，想和大家分享一下这个项目的企划思路。

作为 ThinkPad 的品牌中心，我们要解决的核心命题并不是卖产品，而是如何将 ThinkPad 的品牌精神、价值理念转化为线下空间体验，传递给更广泛的用户。我们希望不仅让更多人了解 ThinkPad，还能让品牌的忠实粉丝在这里找到价值共鸣，形成深度的情感连接。

"以思考进化时代"是 ThinkPad 的品牌使命，ThinkPad 蕴含着"创新科技、卓越体验、匠心品质"三大品牌基因。从 1992 年创立至今，其积累了丰富的品牌故事和经典产品，而我们面临的挑战是：如何让这些信息以更具吸引力的方式被大众有效接收？最终，我们选择了一种"去繁就简"的方法 —— 既不讲产品，也不讲历史，而是讲"未来"。

很多"品牌中心"最后都变成了品牌的历史展厅，但我们希望 ThinkPad 思考空间不仅是回顾过往，而且是探讨一个与当代相关、面向未来的品牌议题。深入挖掘 ThinkPad 的品牌史后我们发现，ThinkPad 的品牌史就是人机关系的思想史。于是，我们以"亲密人机"作为空间的核心概念（是的，这也是《LAUNCH 首发》上一期的主题），这一主题完美契合了 ThinkPad 的品牌精神，也成为整个空间的"神"。

在落地时，我们用了策展的方式，将"亲密人机"拆解成"进化美学""新身临其境""机器同理心"和"人机共生"四个子议题。通过融入 AI 体验以及大量与艺术家合作的互动装置，让用户主动探索、了解品牌想表达的理念。尽管空间的表现形式看似松散，但在叙事逻辑上却暗藏明暗双线 —— 对于不了解品牌的人，我们希望 TA 离开空间后，能够感受到"这个品牌真的好酷！我愿意以后多关注它"就可以了；而对于那些资深用户来说，只要稍加留心某处，就能感受到"哦，这里是在展现 ThinkPad 的'创新科技'"。

　　这个项目最终成为一个品牌与用户之间的对话界面，而非单向的信息输出。复盘整个企划过程，我们总结出一种方法论 ——"议题驱动"的场景创新。即先确定一个能引发思考的核心议题，以此构建空间的叙事框架，让空间本身成为一个不断流动的场域。希望这个案例能为你提供一些启发和参考。

3. 从氛围感到液态感

我觉得"液态线下"这个词特别好，用它来描述和理解当下商业空间的趋势变化是非常精准且富有想象力的。我很喜欢李小龙的一段话："Empty your mind，be formless，be shapeless，like water。"这不仅是一种为人处世的哲学，也可以作为商业空间场景创新的一个方法 ——"be water"。

今天的商业空间不再是静态的，而是流动的、有机的，能够顺应人的情绪和需求而变化。想要塑造一个有调性的空间，核心是要打造氛围感，而氛围感的核心是什么呢？我认为是"液态感"。从有调性到有氛围，再从氛围感延展到液态感，这正是商业空间进化的路径。

那么，如何让空间具备"液态感"？

一是空间要先流动起来，可以通过分时、快闪、多动线，让体验内容像水一样，所到之处要能自然地"包裹"住用户，让他们沉浸其中，情绪被卷入，体验被延展。

二是"液态感"是由空间内丰富的体验细节凝结成的。一本书的摆放方式、一首恰到好处的背景音乐、一杯咖啡与酒的交融、一场跨界策展，甚至是空气中的气味、光线的明暗、植物的层次感……所有的细节都共同构建了一种流动且沉浸的体验。

三是"液态线下"的化学反应，虽然最终呈现在线下，但它的背后一定是高度数字化、高度智能化的支撑，它不仅仅是空间的形态变化，更是运营逻辑的进化，是数据、内容、社交情境的综合交互。

未来的商业空间，或许不再是一个固定的场所，而更像一个动态的、情绪驱动的体验系统。它能够感知、回应、适应，成为人与商业之间的"无形媒介"，以最自然的方式融入生活，并持续激发新的情感与记忆。

上图为 ThinkPad 空间效果一览图，下图为展览入口实景图。（图片来源：ThinkPad 品牌提供）

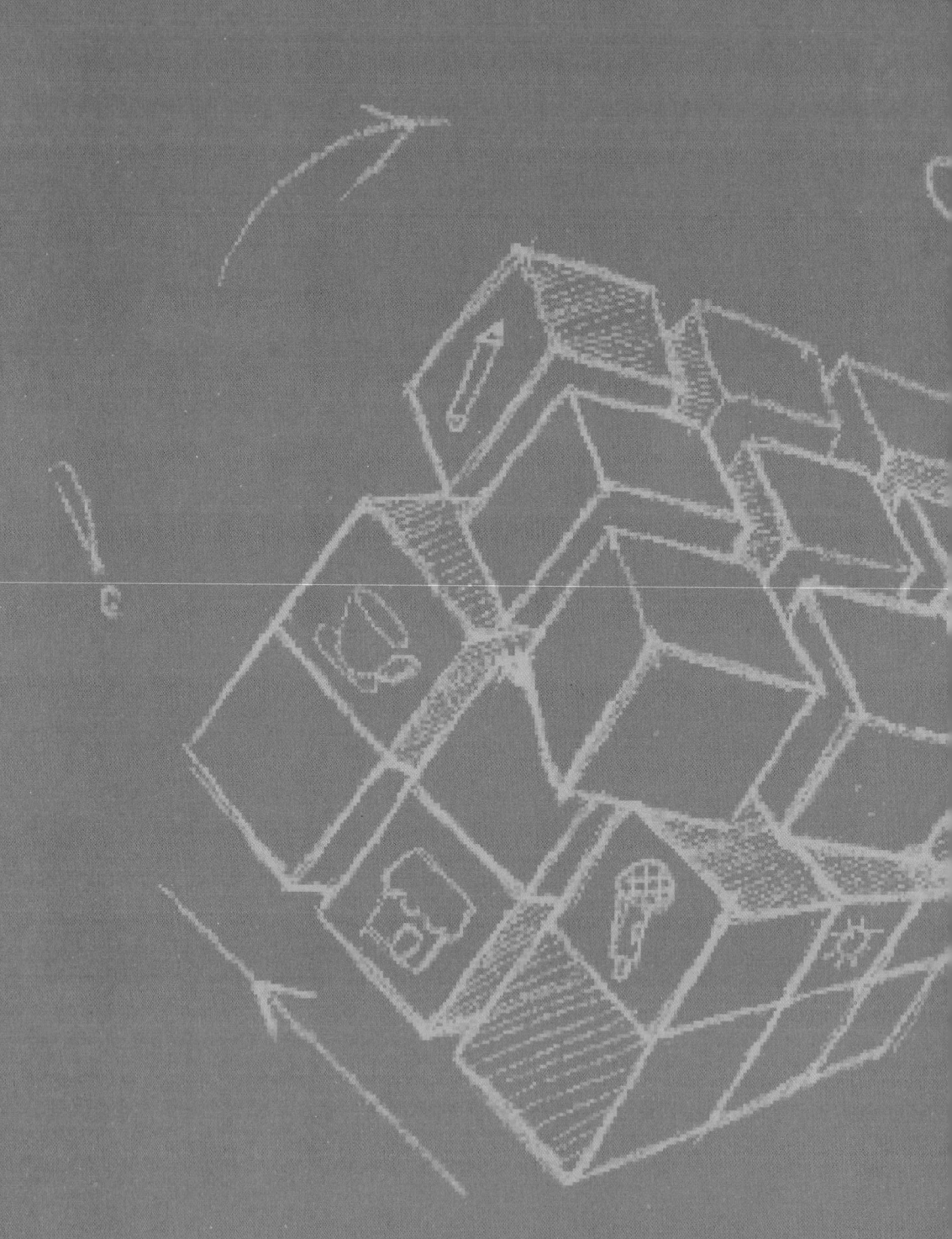

第三章

可逛主义：有限空间的随机性探索

　　"可逛主义"强调商业空间设计的流动性和探索性，打破传统动线的固定模式，增加随机、有趣的体验。通过碎片化的布局、混合的功能和意想不到的细节，让消费者在有限空间里自由游走、流动。这种设计是对现代商业高效但乏味的反思，也是对赛博朋克"高科技，低生活"的对抗。回到线下，更是去往未来，数字化越日新月异，我们越需要更有温度、更富惊喜的线下体验，重新激发人们对生活的好奇与热情。

打碎动线，
解构时间

文 / 温宇

　　商业空间秩序正在发生一场换代与更新，流动、不确定与个体化在某种程度上有效解构了凝缩的"共同体"。最为显著的变化之一便是空间动线的被"打碎"以及由此带来的对时间的"解构"。消费主义的短暂性、时间压缩与空间重组的社会现象，在空间动线渐渐褪去秩序感中得到印证。打碎动线不仅是空间布局的重新规划，还是对消费者心理、行为模式以及时间感知的深度干预。而在液态现代性的浪潮中，商业空间所扮演的角色更像是一个流动的迷宫，或是永恒的戏台 —— 永远不会前置谜底，永远不会预告结局。动线的破碎化与隐匿化背后，是一场关于如何探索"可能性"的体验变迁。

动线革命：空间的失序，情绪的涌现

"动线"作为建筑与室内设计的用语之一，意指人在室内或室外移动的"点"连接起来的行动路线。在传统商业空间里，有序的动线设计能够确保流线区域之间不被干扰，也能确保消费者最大限度、最快速度地理解空间结构与货品信息。它就像"隐形"的空间说明书，暗自推动消费者完成"挑选－购买－离开"的线性流程。但这种设计却暗含工业时代的效率崇拜：空间是容器，人是流水线上的零件，消费是目标明确的机械行为。液态社会的消费者显然更渴望不确定的惊喜而非确定的答案，他们理应成为各自流动的独立单元。

商业空间的动线革命，正是"打碎"了消费者的既定行动路线。迷宫式货架、无规则转角、隐藏互动装置犹如精心设计的随机性道具，转而追求全方位的情绪涌现。比如拉斯维加斯的 AREA15 数字化沉浸市集通过全息投影与气味装置，呈现"每 7 秒后"就有不一样的感官刺激，从而形成持续的空间探索动力。而日本堂吉诃德百货，商品堆叠至天花板，从平价零食到奢侈品混搭陈列，消费者在"杂乱"中挖掘宝藏，触发"多巴胺式"的即时满足。诸如此类的反效率动线设计，将消费体验从"目的"转化为"过程"，用空间的不确定性激活消费者的探索本能与情绪转变。或许可以这样理解，我们不应该将"迷宫式动线"作为优秀空间设计的"背面"，它为消费者开发的神经捕获游戏，暗自反哺更个性、更沉浸的商业空间扎根新数字时代。

人类大脑对"随机奖励"的成瘾机制恰于此刻生效。当奖励出现的时间与形式不可预测时，多巴胺分泌就会显著增强。也就是说，商业空间的失序与无序将 SKU 转化为"随机盲盒"形式，让消费者在无目的游逛中持续获得微小刺激，趋于"液态"的动线设计不仅打破空间秩序，更重构感官体验。而动线的"打碎"还将激发消费者猎奇心理，SKU 的超量冗余必然成为实体门店趋势，店内商品种类繁多，甚至有些商品看似与主题毫不相关。正是这种冗余激发了消费者无尽的探索欲望，让他们在探索中不断发现新的购买可能。消费者不再满足于标准化的商品与服务，更渴望在混乱中寻找个性化体验。这种"冒险主义"精神，正是"液态"商业空间所倡导的核心内涵。

打碎动线并非就会一定形成完美的乌托邦。对部分消费者而言，过度碎片化的空间可能引发选择恐惧症或空间迷失感。有趣的是，这种轻微焦虑反而强化了治愈价值——当人们在迷宫中偶然撞见一杯免费特调咖啡或一处冥想角落时，瞬时压力释放会制造更强烈的愉悦对比。这印证了丹尼尔·卡尼曼（Daniel Kahneman）提出的"峰终定律"（Peak-End Rule）："如果在一段体验的高峰和结尾，体验是愉悦的，那么对整个体验的感受就是愉悦的。"液态空间正是通过制造焦虑与惊喜的交替波动，让人对整体的消费体验产生"痛并快乐着"的成瘾性依赖。这也暗含"选择过载"的反直觉策略——当信息量远超大脑处理能力时，人会放弃理性比较，转向直觉与情绪决策。

液态空间刻意制造的"温和失控"，反而让人在被动探索中卸下决策压力，更易为冲动买单。打碎动线让消费彻底脱离"交易"属性，进化为一场情绪疗愈与自我重构的探索仪式。当消费者捧着一件商品走出迷宫时，他们购买的或许不是商品本身，而是在不确定世界中，重新确认自我存在感的种种瞬间。

时间感知弱化：解构消费的"时效边界"

　　传统商业空间的"时间"是固态的。早餐时段卖咖啡，晚餐时段卖酒，周末半价、节日大促……时间被切割为功能明确的模块，消费者的行为被时间所约束。随着空间动线的打碎，时间边界逐渐被解构。比如商业空间通过打造全时段体验，让消费者不再受限于固定的时间模式 —— 白天，可以在充满艺术气息的咖啡馆里享受悠闲的午后；夜晚，则可以踏入同一个空间的酒吧，感受热烈的派对氛围。时间在这里变得流动而连续，可以根据自己的节奏，随时切换不同消费场景。当时间进入"液态"模式，商业空间就会营造出"活在当下"的即兴体验。

　　在迷宫般的空间探索时，大脑因持续接收新鲜刺激的信号而进入"心流"（Heart Flow）状态，因此主观时间就会被拉长或压缩。一家融合艺术展陈的买手店，可能计划停留 10 分钟，却因沉浸于装置互动而逗留一小时。这种"时间弹性"恰好契合现代人碎片化的生活方式 —— 快速购物与深度体验并存，满足"既要效率又要疗愈"的矛盾需求。更为典型的是 Reformation 试衣间，无须先在店内逛一圈再挑选商品，可以直接在试衣间通过在线试衣系统选择商品。空间里再无"人找货"的游走，也没有"先挑选再试穿"的顺序。时间的灵活性正在全方位匹配现代人的流动性，而动线的改变不仅让空间秩序发生重置，更弱化了消费者对时间的感知惯性。

线下商业的液态化转型正是对流动社会的镜像回应，当标准化生活开始令人厌倦，当算法无情扼杀了惊喜，消费者更渴望在实体空间找回"失控的乐趣"。所以动线打碎与时间解构，本质是传统线下空间的"反叛"：用混乱对抗秩序，用感性颠覆理性，用瞬时体验替代持久占有。我们可以大胆预测，未来的商业空间再也不需要动线设计，空间的彻底液态化让每一寸土地都可能成为入口，每个角落的体验都独一无二。消费者的角色从"用户"转变为"玩家"，这场游戏的商业目标也不再是销售商品，而是制造一场根本没有时间观念的无限体验。

当消费者离开空间主动结束体验，其带走的不仅是商品，还是一段被压缩、延展或重置的时间记忆，这种记忆的稀缺性或将成为未来商业最不可替代的成瘾性资产。消费时效的边界被逐渐瓦解，让更深层、更隐晦的"平衡感"显现真容 —— 消费者可以在"被沉浸"与"自我掌控"中自由切换"时间利用价值"与"自我身份选择"。简单来说，如同"日咖夜酒"的分时段售卖机制式微，背后是餐、酒、娱乐一体的全时段消费模式崛起。我们义无反顾地纵身跃入时间黑洞，"什么时间做什么事"的规则已成过往，情感或角色的自由转换才是当下的常态。看似无序的空间，却把制造秩序的主动权交给消费者，想做什么、想成为谁都可以随时发生。这就是空间中的"时间感弱化"，因为它为每一个人营造出"相同空间中的相异体验"。

（图片来源：freepik）

　　每走进一个"液态线下"，就会进入一个现代性的隐喻剧场。在这个剧场里，空间秩序被重组为随机冒险，时间的线性逻辑被解构为无数个漂浮的瞬间。人们一边排斥确定性的刻板，一边又在不确定中确认自我在场。如果永恒成为奢侈品，那么无序的空间与时间就组成新的信仰。我们能否在时空的碎片里，打捞出比消费更坚韧的冒险精神与探索意义？或许它就藏在下一个未知的转角，以及那些光与影交错的时间裂隙中。

可逛的成都玉林，诞生着时下年轻人们最小的"兴趣载体"

文 / 祝贺

祝贺："海浪公社"主编。海浪扎根在西南，是一家研究青年文化的媒体，也是一家搞青年创意的文化品牌。我们希望对话真实的年轻人，了解当代年轻人在想什么，展现出不同个体的生活状态和思维方式；同时，发挥年轻人的创意，进行各类有意思且有意义的行动尝试，在不断的碰撞中总结出"一份与年轻人浪在一起的相处之道"。

抛开那个"成都迪士尼"的过气网络梗，我倒是觉得"成都玉林"和"迪士尼乐园"还挺相像的 —— 它们都是很好逛的地标。

我记得第一次去上海迪士尼的时候，排队过程也让我开心。同行朋友里有位迪士尼通，所以他总能帮助我在一些角角落落里发现乐园的巧思，这些探索细节的乐趣丰富了我在每个大型游玩项目中间的等待间隔。

成都玉林是一样的，我们可能因为某个、某几个主要的大打卡点到来，但我们总能在来往这些点位之间的路上，找到许多有意思的"小东西"。这些"小东西"并非出自官方有意的图画或者某个大型地产的手法，而完全来自一拨又一拨的年轻人（也可以用时下依旧流行的叫法，年轻的主理人）。他们凭借自己的商业判断、文化偏好，还有一些理想，将自己的喜爱与兴趣带到了玉林街边不算大的门店空间里，和楼上的嬢嬢居民、赵雷歌里的尽头，共同构成了今时今日人气的成都必逛地。

所以，设计师咖啡、全女酒吧、社群酒馆、古着买手、情趣用品、独立书店、潮流运动、亚文化俱乐部、地方风味……这些喜爱与兴趣是如何诞生并扎根于此，真有年轻人把自己的兴趣在线下开出了花吗？

——这是我把工作室和家都搬到玉林的第五年，我已经数不清在这些年的时间里，到底带了多少人到这儿瞎逛，为他们分享文化历史、研究政策和基层动作、分析消费变化、推荐吃吃喝喝甚至是八卦。至今的玉林和刚来时那会儿一样：仍拥有着我愿意吃完饭溜达的楼下、工作到一半和团队小伙伴出去抽烟散步的周边以及朋友说着好奇去瞅瞅的新鲜。

玉林片区彩虹街街景。（图片来源：本文作者提供）

HUSH 的门店。（图片来源：黑狗桑 hush 的小红书）

1. 线下空间
真实的面对面，让年轻人们拥有安全感

在玉林最火的街巷之一 —— 芳华街的尽头，靠近大马路有着一家未成年禁止入内的情趣用品与装饰品店：Hush。楼上是刚装了电梯的老旧院落，旁边是拿破仑、粤式汤粉和宠物用品，位于拐角黑色装修的 Hush 其实并不扎眼。

"偶尔路边会发出各种惊叹，被我们听得一清二楚。勇敢的会进来看一看，害羞的能够在门口徘徊好一段时间。"

Hush 的主理人关鑫在开店之前就已经在抖音上拥有超过 1 亿的播放量。只不过按照他的话来说，小时候受影视作品的影响，他总觉得有个线下的地方才会更安心。所以关鑫在被成都朋友带来这条街吃了顿饭后，就毅然决然地把自己的同福客栈安在了这里。

来购买皮制类产品的熟客占比最多，相比于新来的人，熟客们会更轻车熟路地融入店内的氛围当中，挑选自己想要的产品。并且关鑫和团队成员们也能在与客人面对面时，快速分辨出对方到底是猎奇还是真的感兴趣。他认为，线下实体空间所传达的氛围，会直接地反馈给客人，并反射回来，这些是线下空间独有的情绪魅力。

更为边缘的文化，反而拥有最值得研究的案例属性 —— 就拿 Hush 来说，本和私密挂钩的圈子文化，因为线下商业、开放的设计而变得阳光与舒适；更为敏感与不轻易接受外部的圈内人，对一切事物都保持高度的警戒。尽管同温层是匮乏的，但并不代表着自己可以将就，挑剔到极致才是最安全也最好的做法。

Familiar Coffee 门店 DJ 活动现场图。（图片来源：Familiar coffee）

2. 在地共享
楼上住的、隔壁出来的、门口路过的 …… 都可以

背后是一家设计公司的 Familiar Coffee 位于芳草街 37 号附 5 号，这条街并不火，也没太多特色。但 Familiar Coffee 从开业开始，一直保持着在玉林片区内十分靠前的人气。

主理人猴纸从小在芳草街长大，他把回来开咖啡店叫作自己的荣归故里。"咖啡 + 设计"在目前市场上早已不具有特别之处，所以 Familiar Coffee 的特调、设计、装修、文创应该都不是他火热的决定性因素，"与在地的融入与共享"才是。

因为设计公司的背景，所以搞起花样来十分迅速和频繁。每过一段时间就会有新的周边与活动出现，着实给足了年轻客人们不断的新鲜感。和社区街道等基层合作，为在地做设计也是他们的特色，导致附近居民们都很难不知道他们。

Familiar 曾联合周围 100 米内的店铺发起"一杯接一杯"的计划，把人们常规意识里认为是"竞品"但猴纸感觉"人很对味"的邻居都拉了一遍。规则玩法很简单，A 店给 B 店今日的第十位客人送福利，B 店的幸运儿同时获得了来自 A、B 两店的福利，以此类推，100 米街上的多家年轻店铺在那几天串联了起来。

买菜的大爷会在早上路过时在他们门口借坐，出太阳了年轻人们把椅子摆到路边形成 Familiar Coffee 的门外风景，旁边店的老板与客人也是他们社群里活跃的一员。

猴纸曾说："玉林是成都最包容的一个区域了，但'十分卷'也是真实的，不拿出 200% 的努力，不做出很强的个人风格的话，很难活下去。"但他也说，只有一家咖啡店是接待不完所有爱喝咖啡的人的。

Familiar Coffee 门店。（图片来源：Familiar Coffee）

3. 难以复制
最小的实验载体，也意味着不大的拓展空间

其实除了主理人店外，玉林也曾有不少连锁商业、网红商业的出现。以火锅为例，在网红连锁火锅最繁盛的某段时期，这里也曾聚集了近十家品牌的身影。

似乎对于来玉林逛的人们来说，我既然来了，就更希望冲着"非标、独特、在地"而来。司空见惯的操作特别无趣，所以常规的动作在玉林未必能够很好适应。相反，过于强调自己风格的独立门店与品牌们则是遇到了最难打破的上限。

到目前为止，从玉林诞生，走出去，去往更多地方、场景的成功案例并不常见。那对于不同角色们来说，成都玉林到底如何借用才最有价值？

回归到最初所提及的两个可逛地标比较上，成都玉林如迪士尼乐园一般，在常见的项目上包裹了自己的兴趣特色，让线下成为实现兴趣内容的载体。不过是传统的过山车，却能够有白雪公主的加持；不过是遍地都有的小店，但因为年轻主理人和兴趣爱好者们的不同而拥有差异。

可是玉林终究不是迪士尼，没有刻意的顶层图画与手法，只是良好的土壤上的野蛮生长。那开花结果，会超出预期，败落或消失，也可能出乎意料。但个体的担忧，并不妨碍宏观的欣欣向荣，这里依旧是大家乐此不疲的可逛、必逛之处；也抵挡不住被美好氛围吸引的一批又一批年轻人们，纵使租金逐年上涨与转让费不断夸大，但算下来也比写字楼和商业地产来得划算、试错成本更低，所以依然把自己的兴趣寄托在线下，诞生出时下我们这群人最小的"兴趣载体"。

改造前后的玉林东路。（图片来源：规划中国）

写在最后

我曾在接到撰稿邀约的时候想象这篇稿件应该是足够 —— 怎么说，传统意义上的"ToB"吧。结果从开篇的第一个字起，我就变了说法。我希望写出这儿的"鲜活"，毕竟是这份鲜活才让上述的一切好坏成立。

如果我们年轻一代的兴趣都失去了活人感，那兴趣商业的基底应该也已崩塌。这些均是人的兴趣，兴趣来源于这群人不约而同形成的群体文化，所以似乎只有参考解法，而无标准答案。

就在我完成这篇稿的一个月时间里，玉林再次被行业内讨论。人们感叹着，288 元一杯的咖啡终于从上海来到了成都；过去排起长队的连锁火锅店也在落寞后被小众餐饮替代，烟火气的独栋设计被韩系、清迈风等各种关键词所接管；承受不了房租的独立书店也在悄悄盘算起成本，考虑是否要继续留在这里……

成为玉林的"熟面孔"特别简单，找到圈子里的一个，就可以进去，多待几天，自然脸就熟了。但是真要融入成为这些圈子里的一员，还真不好说，毕竟是不是真的有兴趣，没那么好装出来。

怀旧：
用时间打造
空间

文 / 殷艺格

殷艺格：北京大学心理与认知科学学院在读博士研究生，研究聚焦于自我相关情绪（怀旧和敬畏）、生命意义感、AI 与人类关系以及审美体验等领域，研究成果发表于社会心理学旗舰期刊 *Personality and Social Psychology Bulletin* 和 *Nature* 子刊 *Nature Mental Health* 等。

　　怀旧，是一种对过去的眷恋和向往。它让人们从玫瑰色的回忆中感受到甜蜜，也让人们从无可挽回的失去中感受到悲伤，它联结起过去和现在的自我，让人们从过往中汲取迎接未来的力量。

　　近年来，怀旧的元素开始频频出现在空间设计中，比如日料店放着上个世纪的歌曲 MV，咖啡馆的墙上贴着《花样年华》和《乱世佳人》的经典海报，大商场中开起了童年零食杂货铺，饭店的桌上也多了套上个世纪的搪瓷碗。

　　融合了怀旧的空间，利用时间增益空间：它让人从过往中找到栖所，让人从时间易逝中渴望停驻，让人穿梭时空而使得空间延展。从而，一个融合了怀旧的空间便不只是当下的空间，而因时间有了纵深和故事。"逛"空间便不只是消费、娱乐和消磨，更是自我的联结与沉淀。

引进日本 D&DEPARTMENT 的碧山工销社，成为新一代乡村文化品牌。（图片来源：LAUNCH首发工作室提供）

构建空间：从过往中找到栖所

在 AI 高速发展、国际局势动荡、极端天气频发的当代社会，生活似乎充满了不确定性。不过，虽然未来是不确定的，但是过去总是确定的，而怀旧作为一种"理想化""带有滤镜"的回忆，又在确定的基础上，为过去额外增添一份温馨和美好。融合了怀旧元素的空间，因唤醒了美好的回忆，为匆忙的现代人提供了一个确定、熟悉、安全的心灵栖所。

心理学研究发现，怀旧有调节功能 (Wildschut & Sekidides., 2023)。在寒冷的日子里，人们会更多感到怀旧，而听怀旧音乐或者回忆往事，则会给人们带来温暖的感受 (Zhou et al., 2012)。一项对英国用户在音乐平台 Spotify 上听歌记录的分析也显示，在 COVID-19 刚暴发的时候，人们听老歌的频率骤增 (Yeung, 2023)，而这种怀旧则进而给人们带来了幸福感 (Zhou et al., 2021)。

在物理上遭遇逆境时，人们会诉诸怀旧；在心理低谷时，人们也想要怀旧。一系列研究发现，孤独、无聊、幻灭的时刻，人们都会自然地诉诸怀旧记忆，而怀旧记忆作为人们的安全基地，则会给人们带来乐观、联结，帮助人们应对眼前的困境，带来重新出发的勇气 (Wildschut & Sekidides., 2023)。

怀旧迎合了后疫情与 AI 高速发展时代人们的心理需要，温柔地将心灵包裹。将怀旧融入空间，比如在背景音乐中穿插怀旧旋律，在空间陈设上摆上一些唤起记忆的老物件，或许都可以将人们拽入那个熟悉、确定、安全、美好的世界，让人们卸下焦虑和疲惫，在记忆中小憩。

收藏黑胶唱片成为年轻人的热门爱好之一。（图片来源：本文作者提供）

留在空间：从易逝中渴望停驻

怀旧和"时间"紧密相连。对怀旧本质的跨文化心理学研究发现，怀旧的核心特质中包含"渴望""重新体验""怀念"和"想要回到过去"（Hepper et al., 2014），另一项关于怀旧画像的研究发现，怀旧包含"难以挽回的失去"（Wildschut & Sekidides., 2023）。当人们沉浸在怀旧中，体会到美好时光难以追回时，人们会对时间的单向流动以及时间的易逝有更强烈的体会，会不自觉产生歌曲中所唱的"时光时光慢些吧"这种渴望时光慢下来的意愿。

许多实证研究也支持了怀旧这种慢下来的力量。有研究发现，诱发顾客的怀旧可以增加顾客的耐心，在怀旧情绪中，人们愿意等待延迟的奖励，可以忍受网页加载更长的时间（Huang et al., 2016）。亦有研究发现，当人们感受到预期怀旧时，比如感受到自己未来会对当前的经历感到怀旧时，人们会更多珍惜并想要品味当下（Cheung et al., 2019）。

怀旧带来的这种慢下来、细细品味的力量，恰好回应了空间面对的难题之一：如何将人留在空间？一个融合了怀旧设计的空间，或许可以让人们的心灵慢下来，想要细细品味时光，沉浸其中，将其转化为未来记忆中生动的细节。因此，人们愿意花费整个午后，坐在展品面前发呆，与其建立心灵的深刻联结；人们愿意在公园或者街头和朋友漫步聊天儿，只因意识到此刻稀松平常的现在，将成为以后无比思念但再也无法挽回的曾经。

拓展空间：从穿梭中超越边界

好的怀旧空间设计，是一条时空隧道，仅凭借一段旋律、一张照片、一帧影像便能打开记忆的入口，让人循着一个空间，走入另一个空间，一个更私密、与自我更紧密相连的空间。空间便不再只是当下可见的空间，而因记忆拓宽了边际，涌现出那时的世界，那时陪伴在身边的人，那时的自己。

比如可口可乐一直坚持的红色易拉罐设计，便是一个时间旅行的线索，把可乐拿在手中的那一刻让人想到可乐不再只是饮料，而是一把打开童年夏日回忆的钥匙。又比如墙上贴着的写着时间的拍立得照片、明信片或者便利贴留言，虽然是他人的经历和感情流露，也会让人替代怀旧，想到那个时间的自己。

这种"记忆唤起"不仅适用于线下空间，也适用于线上空间，甚至更适用于线上空间。比如苹果手机相册中的"回忆"功能，又或者百度网盘里的"这一天"推送，都在通过怀旧给空间以时间，拓展空间的边际。而这种相比线下更加定制化和私人化的怀旧记忆，也悄无声息地提升了人们使用产品时的幸福感，让人们对品牌产生更持久的依恋。

结语

　　怀旧为空间赋予时间，使其安全私密，使其引人驻足，使其超越边界。一个融合了怀旧的空间，让人们缓缓跌入记忆的隧道，接过人们焦虑的情绪，帮助找回遗失的身份和自我，为人们在匆忙的现实世界中开辟出一个私密、安全、温暖、丰饶的栖所。

位于 XSpecies Here 新物种空间里的
LAUNCH SPACE 首发空间

新观念，在商业与生活之间。